海外农业研究中心 ● 智库报告

"一带一路"国家农业发展与合作——东北亚四国

蒙古国　俄罗斯　日　本　韩　国

◎ 聂凤英　张学彪　主编

中国农业科学技术出版社

图书在版编目（CIP）数据

"一带一路"国家农业发展与合作.东北亚四国/聂凤英，张学彪主编.—北京：中国农业科学技术出版社，2018.12

ISBN 978-7-5116-3907-3

Ⅰ.①一… Ⅱ.①聂… ②张… Ⅲ.①农业合作－国际合作－研究－中国、东亚 Ⅳ.① F32 ② F331

中国版本图书馆 CIP 数据核字（2018）第 218148 号

责任编辑　周丽丽　徐定娜　穆玉红
责任校对　贾海霞

出 版 者	中国农业科学技术出版社 北京市中关村南大街 12 号　邮编：100081
电　　话	（010）82109707（编辑室）　（010）82109702（发行部） （010）82109709（读者服务部）
传　　真	（010）82109707
网　　址	http://www.castp.cn
发　　行	各地新华书店
印 刷 者	北京建宏印刷有限公司
开　　本	880 mm×1 230 mm　1/16
印　　张	10.25
字　　数	217 千字
版　　次	2018 年 12 月第 1 版　2018 年 12 月第 1 次印刷
定　　价	180.00 元

◆━━━ 版权所有·侵权必究 ━━━◆

《"一带一路"国家农业发展与合作——东北亚四国》
编委会

主　　任：吴孔明

副 主 任：贡锡锋　　孙　坦　　金　轲

主　　编：聂凤英　　张学彪

副 主 编：张　莉　　曲春红

编写人员：乔光华　　修长百　　宝　音　　李　锦　　熊　雪
　　　　　许振宝　　张沈菲　　聂明珠　　孙鸿雁　　胡尔查
　　　　　刘豫杰　　杜春玲　　巴达玛罕达　　都拉木罕达
　　　　　巴特尔夫

序

在当今世界经济复苏缓慢，全球产业结构和国际投资贸易格局深度调整的背景下，习近平总书记2013年提出的共建"丝绸之路经济带"和"21世纪海上丝绸之路"倡议，得到了国际社会的广泛支持。"共建'一带一路'，实现共赢发展"对促进区域经济一体化和加强区域互联互通发挥了重要作用。"一带一路"倡议给沿线国家人民带来了实实在在的好处，为构建共商共建共享的全球治理新机制贡献了中国智慧。

人口增长、资源约束和消费结构升级对我国农业发展提出了新的挑战。党的"十八大"以来，党中央把农业"走出去"摆在了更加突出的位置，习近平总书记提出"要加快推动农业走出去，增加国内农产品供给"。保障国家食物安全，要求我们"统筹利用两个市场两种资源"，在全球范围内实现农业资源的优化整合和农产品市场的深度开发，构建开放互利共赢的农业对外合作新格局。

"一带一路"沿线国家高度重视农业发展，但由于自然条件和政治、经济、社会等多方面因素的影响，多数国家都面临区域农业发展不平衡，缺乏有效农业合作机制和农业科技支撑力度不足等问题。"一带一路"倡议为加强区域农业合作带来了难得的历史机遇，通过促进区域内农业要素有序流动，可以使沿线国家更好地发挥比较优势，增加世界农产品的有效供给。

改革开放40年来，中国农业产业和科技发展取得了长足的进步，积累了大量"一带一路"国家可以利用和借鉴的技术和管理经验。近年来，中国的农业科技已大量走出国门，在100多个国家和地区援建了270多个农业项目，"绿色超级稻"已经有78个品种在18个亚非国家审定和推广，"中棉系列"棉花新品种和植棉技术大幅提高了中亚国家的棉花产量。动物疫苗、生物防治技术和产品等为亚洲和非洲农业生产提供了重要保障。国内对外农业投资热情高涨，境外注册设立的农林牧渔类企业达1300多家，覆盖了105个国家和地区。农业"走出去"的新常态对海外农业战略研究提出了新的要求。我们需要建立全球农业数据中心，加强海外农业战略高端智库建设，为政府和企业农业走出去工作提供信息服务和技术支撑。

在农业农村部和中国工程院等部门的支持指导下，中国农业科学院海外农业研究中心系统开展了海外农业的研究工作。《"一带一路"国家农业发展与合作》系列丛书汇编了对重点国家的智库研究成果，编写过程中得到了农业农村部相关机构、中国农业科学院部分研究所以及云南、广西、新疆、内蒙古和黑龙江等省（自治区）级农科院、农业高校的大力支持。

丛书按地区分为东北亚四国、东南亚十一国、南亚七国、中亚五国、中东欧十六国、独联体及其他六国和西亚北非十六国共七个分册，系统梳理了"一带一路"沿线65个国家的基本国情和农业发展情况，从经济、贸易、投资和科技多角度分析了重点国家的农业投资环境、农业合作重点领域和发展潜力。丛书内容丰富、系统性强、信息量大，为中国农业对外合作和农产品贸易工作者提供了高水平的专业性参考，对服务中国农业国际合作和推动农业"走出去"工作有重要价值。

中国农业科学院副院长

中国工程院院士

2018年12月

目 录
CONTENTS

蒙古国

- 一、国家基本概况 ·· 2
  - （一）地理位置 ··· 2
  - （二）人口状况 ··· 2
  - （三）政治制度 ··· 2
  - （四）经济和社会发展状况 ·· 3
- 二、农业发展现状 ·· 4
  - （一）农业资源条件 ··· 4
  - （二）农业生产情况 ··· 6
  - （三）农产品贸易情况 ··· 20
  - （四）农业产业发展政策 ··· 23
- 三、农业投资环境 ·· 27
  - （一）引进外资的相关政策 ··· 27
  - （二）风险分析 ··· 30
  - （三）总体评价 ··· 31
- 四、中蒙农业合作现状与合作重点 ·· 31
  - （一）合作现状 ··· 31
  - （二）合作潜力 ··· 34
  - （三）合作重点 ··· 36
- 五、中蒙农业合作建议 ·· 38
  - （一）加深政治合作，开展广泛的双边和多边合作 ·········· 38

（二）加快产业转型，适应新的经济形势 ……………………………………38
　　（三）发挥内蒙古自治区的优势地位，加深对蒙交流 ………………………38
　　（四）共同建立灾害和牲畜疫病预警与应急机制 ……………………………38
　　（五）加大对蒙古国农业基础设施的投入和技术培训 ………………………39
参考文献 ……………………………………………………………………………39

俄罗斯

一、基本概况 …………………………………………………………………………42
　　（一）自然地理 …………………………………………………………………42
　　（二）人口与劳动力 ……………………………………………………………42
　　（三）政治制度 …………………………………………………………………43
　　（四）经济状况 …………………………………………………………………43
二、俄罗斯农业发展现状 ……………………………………………………………44
　　（一）农业资源条件 ……………………………………………………………44
　　（二）农业生产情况 ……………………………………………………………45
　　（三）农产品贸易情况 …………………………………………………………48
　　（四）俄罗斯农业科技发展 ……………………………………………………51
三、俄罗斯农业投资环境 ……………………………………………………………54
　　（一）农业投资环境分析 ………………………………………………………54
　　（二）农业优势与潜力 …………………………………………………………56
　　（三）风险分析 …………………………………………………………………57
　　（四）总体评价 …………………………………………………………………57
四、中俄农业合作现状与合作重点 …………………………………………………58
　　（一）合作现状 …………………………………………………………………58
　　（二）合作潜力 …………………………………………………………………59
　　（三）农业合作重点领域 ………………………………………………………61
　　（四）合作的重点产业 …………………………………………………………62
五、中俄农业合作 ……………………………………………………………………63
　　（一）主要结论 …………………………………………………………………63
　　（二）政策建议 …………………………………………………………………64

参考文献 ·· 65

日 本

一、国家基本概况 ··· 68
（一）自然地理 ··· 68
（二）人口状况 ··· 68
（三）政治制度 ··· 70
（四）社会和经济发展状况 ··· 70

二、农业发展现状 ··· 71
（一）农业资源条件 ··· 71
（二）农业生产情况 ··· 73
（三）农产品贸易情况 ··· 81
（四）农业科技发展 ··· 88
（五）农业管理体系与政策 ··· 90

三、农业投资环境 ··· 91
（一）国家商业环境 ··· 91
（二）农业优势与潜力 ··· 92
（三）风险分析 ··· 93
（四）总体评价 ··· 94

四、中日农业合作现状与合作重点 ··· 94
（一）合作现状 ··· 94
（二）合作潜力 ··· 97
（三）合作重点 ··· 98

五、中日农业合作建议 ··· 100
（一）加强民间主体合作，以此带动政府合作 ··· 100
（二）构建合作服务平台，深化中日农业合作 ··· 100
（三）努力提升中国农产品竞争力 ··· 100
（四）创新为双边经贸合作注入新动力 ··· 100

参考文献 ·· 101

韩 国

- 一、国家基本概况 ·· 104
  - （一）地理区划 ·· 104
  - （二）人口构成 ·· 104
  - （三）政治制度 ·· 105
  - （四）经济和社会发展 ··· 106
- 二、农业发展现状 ·· 107
  - （一）农业资源条件 ·· 107
  - （二）农业生产情况 ·· 109
  - （三）农产品贸易现状 ··· 118
  - （四）农业科技发展 ·· 130
  - （五）农业管理体系与政策 ··· 136
- 三、农业投资环境 ·· 143
  - （一）国家商业环境 ·· 143
  - （二）农业优势与潜力 ··· 143
  - （三）农业风险分析 ·· 145
  - （四）总体评价 ·· 146
- 四、中韩农业合作现状与合作重点 ··· 147
  - （一）合作现状 ·· 147
  - （二）合作潜力 ·· 149
  - （三）合作重点 ·· 150
- 五、中韩农业合作建议 ··· 152
  - （一）推进农业合作平台建设，形成政府与产业间良好互动局面 ········ 153
  - （二）维持良好的投资及贸易环境，为两国农业合作保驾护航 ············ 153
  - （三）为农业的"走出去""引进来"提供良好的投资环境 ················ 153
- 参考文献 ·· 154

蒙古国

蒙古国毗邻中国和俄罗斯，由于气候和生产技术落后等原因，农业产量波动较大，畜牧业也还停留在传统放牧阶段，农业生产有待提高。蒙古国的种植结构单一，产量较低，农业是当前亟需转型升级的产业。中国和蒙古国互为友邻，两国关系发展良好。中国和蒙古国在土地资源、水资源、气候、劳动力以及技术水平等发展农业的重要资源上存在极强的互补性，农产品贸易结构上也存在一定的互补性。农业资源和农产品结构的互补为两国开展农业合作创造了基础性条件。在"一带一路"倡议和中俄蒙经济带发展的推动下，两国已经开展了大量农业合作，未来的农业合作必将走向更深层次。

一、国家基本概况

（一）地理位置

蒙古国位于亚洲中部的内陆，南与中国内蒙古自治区（以下称内蒙古，全书同）、新疆维吾尔自治区（以下称新疆，全书同）接壤，北与俄罗斯联邦相邻。国土面积156.65万平方千米，多为高山、沙漠、戈壁，地势自西向东逐渐降低。蒙古国海拔最高点为4653米（乃拉姆达勒峰），最低点为553米（呼赫湖），平均海拔为1580米。蒙古国的主要山脉包括：阿尔泰山，位于蒙古国西部，西北—东南走向，平均海拔3000米；杭爱山，位于蒙古国中部，西北—东南走向，平均海拔3000米；肯特山脉，位于蒙古国东部，东北—西南走向，平均海拔2000米，被尊为圣山。山地面积77.7万平方千米，占国土面积的50%；戈壁沙漠面积40万平方千米，占国土面积的25%；湖泊面积1.6万平方千米，占国土面积的1%。

（二）人口状况

2017年，蒙古国总人口308万，主要为喀尔喀蒙古族人，约占总人口的81.5%。此外，还有哈萨克族（4.3%）、杜尔伯特族（2.8%）、巴亚特族（2.1%），以及其他少数民族（9.3%）。蒙古国女性的地位在不断提高，根据联合国千年发展计划计算方法和蒙古国统计局统计，2015年，蒙古国女性的人类发展指数（Human Development Index）为0.76，较2012年的0.74提高了0.2；全国的人类发展指数为0.74，较2012年的0.72提高了0.2；人均寿命指数为0.77，较2012年的0.75提高了0.2。蒙古国农业人口占总人口的33%。

（三）政治制度

蒙古国的现行政治体制为议会共和制，国家议会被称为国家大呼拉尔，是国家的最高权力机关，行使立法权。蒙古国同世界各国保持良好邦交关系，2015年9月，时任蒙古国总统查希亚·额勒贝格道尔吉在第70届联合国大会上宣布蒙古国实行永久中立政策。中蒙两国建交60年来，两国一直保持着睦邻友好的合作关系。特别是蒙古国自1990年转型以来，两国关系发展迅速，成效显著，尤其在矿产资源开发和农牧业产业领域等深入合作的推动下，两国关系进一步走上了互联、互通、共赢的发展道路。

（四）经济和社会发展状况

蒙古国经济以畜牧业和采矿业为依托，素有"畜牧业王国"之称，主要饲养绵羊、山羊、牛、马、骆驼。近年来，由于矿产开发的快速推进，国民经济有快速增长的趋向。

20世纪90年代以后，蒙古国实行私有化改革，并于1997年1月加入世界贸易组织。近年来，蒙古国经济发展波动较大。例如，2009年，受国际经济危机影响，蒙古国国内生产总值（GDP）为45.84亿美元，较2008年的56.23亿美元下降约18.5%。2010年，在国际市场矿产品价格的影响下，蒙古国经济快速复苏，GDP实现增长6.1%。2011年，GDP同比增长17.3%。2013年，GDP达到125.82亿美元，增长率为11.7%，与2012年相比，经济增速放缓。2014年，蒙古国经济增速继续高位回落，从2012年的12.3%降至7.8%。2015年，GDP增长率为2.3%，处在历史较低水平。2016年，GDP为111.6亿美元，增长率仅为1.0%，（图1）。

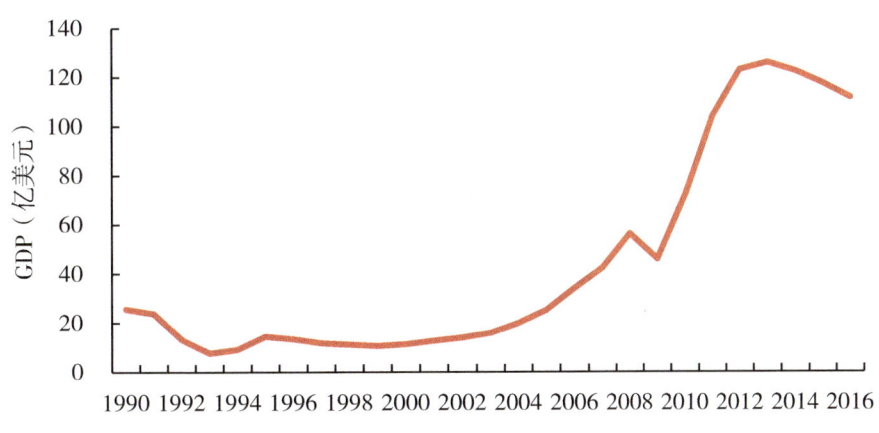

图1 1990—2016年蒙古国历年GDP变化情况

资料来源：世界银行数据

蒙古国产业结构整体呈升级趋势，即第一产业所占比重逐步下降，第二、第三产业比重曲折上升。2001年，三大产业比重为25:22:53；之后几年由于全球矿价持续走高，第二产业发展迅速，2007年基本与第三产业相当，一二三产业产值分别占GDP的18.4%、40.7%和40.9%；后受经济危机影响，第三产业所占比重逐步回升，2016年蒙古国的产业结构为

13.8:33.9:52.3。

蒙古国社会发展状况良好，国民教育水平较高。近年来，蒙古国对教育的投入一直占到其财政总预算20%以上，实行国家普及免费普通教育制度，现有全日制普通教育学校695所，高等院校177所。主要高等院校有国立大学、科技大学、国立师范大学、蒙古国生命科学大学、医科大学、人文大学、文化艺术大学等。2005—2006年，全国各类学校在校生达80万人。2014—2015年，高等教育学生人数达30万人。目前，蒙古国已经基本消除文盲，15岁以上的蒙古国公民98%以上受过初等及以上教育，并且每3个人中就有1人在大中专院校学习。据统计，乌兰巴托有6所汉语学校2000多名学生。

蒙古国交通以铁路和公路为主，境内有一条连接中俄的铁路。蒙古国的铁路运输承担了全国货物运输的90%，客运的30%，全长为1800千米。蒙古国成吉思汗国际机场通航全球多个城市。

二、农业发展现状

（一）农业资源条件

1. 气候资源

蒙古国大部分地区属大陆性温带草原气候，季节变化明显，冬季长，常有大风雪；夏季短，昼夜温差大；春、秋两季短促。每年有一半以上时间被大陆高气压笼罩，是世界上最强的蒙古高气压中心，为亚洲季风气候区冬季"寒潮"的源地之一。无霜期在每年6—9月，90～110天。年平均降水量120～250毫米，降水较少，且季节性分布不均，70%的降水量集中在7—8月。西北部地区属温带针叶林气候，许多高峰终年积雪。

2. 土地资源

蒙古国的地形状况是西部、北部和中部多为山地，东部为丘陵平原，南部是戈壁沙漠。蒙古国地质结构复杂，山脉多系火山岩构成，土层较厚，基岩裸露，土壤种类以栗钙土和盐咸土为主，北部有冻土层，从北至南大体为高山草地、原始森林草原、草原和戈壁荒漠等6大植被带。

根据蒙古国国家统计数据，2014年，农业用地面积11500.85万公顷，较2005年减少22.4万公顷，约占国土面积的73.5%；草原面积11064.67万公顷，较2005年减少28.29万公顷，约占农业用地的96.2%，占比与2005年基本持平；打草场面积171.76万公顷，较2005年减少10.52万公顷，2005—2014年占农业用地的比例平均约为1.5%；耕地面积100.28万公顷，较2005年增加30.58万公顷，约占农业用地0.9%，较2005年上升0.3%；

荒漠地面积30.49万公顷，较2005年下降17.35万公顷，约占农业用地的0.3%，与往年基本持平；其他农用地面积7.68万公顷，较2005年增加3.35万公顷，约占农业用地的0.07%，较2005年增加0.03%；不适合农用地面积125.97万公顷，较2005年减少0.17万公顷，约占农业用地的1.1%，与2005年基本保持一致（表1、表2）。

表1　2005—2014年蒙古国农业用地利用情况　　　　　　　　　　　　（单位：万公顷）

类　别	2005年	2010年	2011年	2012年	2013年	2014年
农业用地合计	11523.25	11552.58	11549.08	11539.99	11536.14	11500.85
草原面积	11092.96	11125.56	11118.14	11103.25	11102.62	11064.67
打草场	182.28	171.49	171.13	171.23	171.23	171.76
耕地	69.70	93.24	96.44	103.11	98.68	100.28
荒漠地	47.84	30.66	30.43	29.20	30.50	30.49
其他农用地	4.33	5.47	6.78	7.04	7.14	7.68
不适合农用地	126.14	126.16	126.16	126.16	125.97	125.97

资料来源：历年蒙古国国家统计年鉴，蒙古国国家统计局

注：其他农用地指农田道路、农用设施占地等；不适合农用地指不适合放牧但纳入到农业用地中的荒地以及边境缓冲地等

表2　2005—2014年年蒙古国农地利用结构比率　　　　　　　　　　　　（单位：%）

类　别	2005年	2010年	2011年	2012年	2013年	2014年
农业用地合计（%）	100	100	100	100	100	100
草原面积（%）	96.3	96.3	96.3	96.2	96.2	96.2
打草场（%）	1.6	1.5	1.5	1.5	1.5	1.5
耕地（%）	0.6	0.8	0.8	0.9	0.9	0.9
荒漠地（%）	0.4	0.2	0.3	0.3	0.3	0.3
其他农用地（%）	0.04	0.05	0.06	0.06	0.06	0.07
不适合农用地（%）	1.1	1.1	1.1	1.1	1.1	1.1

资料来源：历年蒙古国国家统计年鉴，蒙古国国家统计局

3. 水资源

蒙古国水力资源丰富，山地间多河流、湖泊。境内有4113条河流，总长度达6.7万千米，以及3500个湖泊和7000多处泉眼。主要河流有色楞格河、鄂尔浑河、克鲁伦河和科布多河等，大部分分布在北部、中部地区。湖泊大多分布在西北地区，主要湖泊有乌布苏湖、

库苏古尔湖、吉尔吉斯湖和哈拉乌苏湖。南部地区的河流、湖泊分布很少。

4. 生物资源

蒙古国动植物资源丰富。蒙古国植被以北部西伯利亚针叶林和南部的中亚草原、荒漠组成。高等种子植物有103科596属2251种，苔藓植物有40科119属293种，地衣植物有30科70属570种，蘑菇有12科34属218种，药用植物有52科154属574种。荒漠地带主要植物有蒙古茅草、科尔金斯基茅草、戈尔嘎诺夫旋花、格鲁保夫针叶棘豆；戈壁地带有胡杨、山川柳、沙枣、菖蒲、芨芨草等。蒙古国野生动物约有60种哺乳类、50多种鱼类、90种鸟类，主要有旱獭、野驴、野马、角鹿、戈壁熊、野骆驼、羚羊、野山羊、母盘羊、黑尾黄羊、麝、豹、河狸、水獭、貂、密鼠、鹫、鸿、鹈鹕、雪鸡、野鸡、皂雕、猫头鹰、枭、啄木鸟等。

（二）农业生产情况

1. 农业产值规模及构成

蒙古国农业经济以肉、乳、皮革等畜产品加工业为主，木材加工、电力、纺织等关联产业也具有一定规模。1990年，蒙古国农业产值仅为3.29亿美元，占当年GDP的12.9%，此后波动上升，占GDP的比重也逐渐增加，1996年达到峰值41.0%，1997年后农业产值开始呈波动下降趋势。近年来，蒙古国经济出现下滑趋势，农业产值也随之减少。2016年，蒙古国农业产值为14.85亿美元，占GDP的比重为13.3%（表3）。

表3 1990—2016年农业产值占GDP的比重变化 （单位：亿美元，%）

年 份	GDP	农业产值	农业产值占GDP的比重
1990	25.61	3.29	12.9
1991	23.79	3.12	13.1
1992	13.18	3.58	27.2
1993	7.68	2.14	27.9
1994	9.26	2.71	29.3
1995	14.52	4.99	34.4
1996	13.46	5.52	41.0
1997	11.81	4.10	34.7
1998	11.24	3.95	35.1
1999	10.57	3.68	34.8

(续表)

年 份	GDP	农业产值	农业产值占GDP的比重
2000	11.37	3.51	30.9
2001	12.68	3.34	26.4
2002	13.97	3.00	21.5
2003	15.95	3.31	20.8
2004	19.92	4.50	22.6
2005	25.23	5.57	22.1
2006	34.14	6.70	19.6
2007	42.35	8.66	20.5
2008	56.23	12.04	21.4
2009	45.84	9.00	19.6
2010	71.89	9.40	13.1
2011	104.10	12.27	11.8
2012	122.93	15.57	12.7
2013	125.82	19.04	15.1
2014	122.27	17.99	14.7
2015	117.41	17.09	14.6
2016	111.60	14.85	13.3

资料来源：世界银行

种植业虽非蒙古国国民经济的支柱产业，但关系国计民生，历来受到政府的重视。蒙古国种植业产值约占农牧业总产值的17%。蒙古国畜牧业资源丰富，素有"畜牧业王国"之称。畜牧业作为传统产业，也是国民经济的基础。2016年，畜牧业产值占农牧业总产值的80%。尽管如此，蒙古国每年仍需要进口大量的禽肉和奶来满足国内的需求。

2. 主要农产品产量

（1）种植业

蒙古国的主要农作物有小麦、马铃薯、白菜、萝卜、洋葱、大蒜和油菜等，部分粮食和蔬菜依赖进口。直到2012年，小麦和马铃薯的生产才基本满足国内需求，蔬菜生产仅满足国内需求的60.2%。2015年，蒙古国粮食产量21.63万吨，占总收成的43.1%；马铃薯16.38万吨，占总收成的32.7%。

蒙古国的耕地面积从1989年的83.79万公顷开始呈现逐年下降趋势，在2006年达到最低值16.2万公顷，在此期间，谷物种植面积也从随之下降，从1989年的67.34万公顷逐年下滑，2007年降到最低值12.18万公顷。自2008年3月，蒙古国实施国家项目"Atar第三运动"后，谷物、马铃薯、饲料、蔬菜的种植面积总体上都逐年增加（图2）。2015年，耕地面积逐步上升至52.50万公顷，谷物种植面积增加至39.07万公顷。

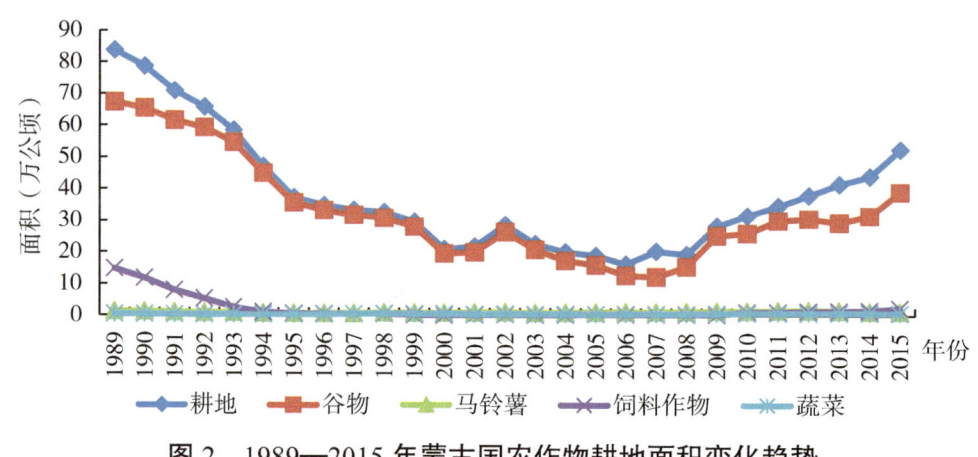

图2　1989—2015年蒙古国农作物耕地面积变化趋势

资料来源：历年蒙古国国家统计年鉴，蒙古国统计局

注：谷物里主要包括小麦、还有很少量的燕麦和大麦

"Atar第三运动"是继1959年实施的"Atar第一运动"和1976年实施的"Atar第二运动"之后的第三次耕地扩大计划。但区别于前两次的处女地（草原）的开垦，"Atar第三运动"的目的是恢复因粮食市场价格低迷而放弃的耕地。蒙古国政府为农耕者补助了农业机械的更新费、燃料费、种子费、灌溉设备费等，以支持农业的发展。

1989—2015年，随着耕地面积的变化，农作物总产量整体上也呈现出先减少后增加的发展状况。但受气候等因素影响，农作物产量呈现波动发展。蒙古国降水量较少，小麦一般隔年种植，谷物产量随年份波动发展。马铃薯总产量从1996年的最低值4.60万吨逐年提高，2012年达到最高值24.59万吨，随后又有一定下降。蔬菜和饲料作物产量在2011年后发展较为平稳（图3）。

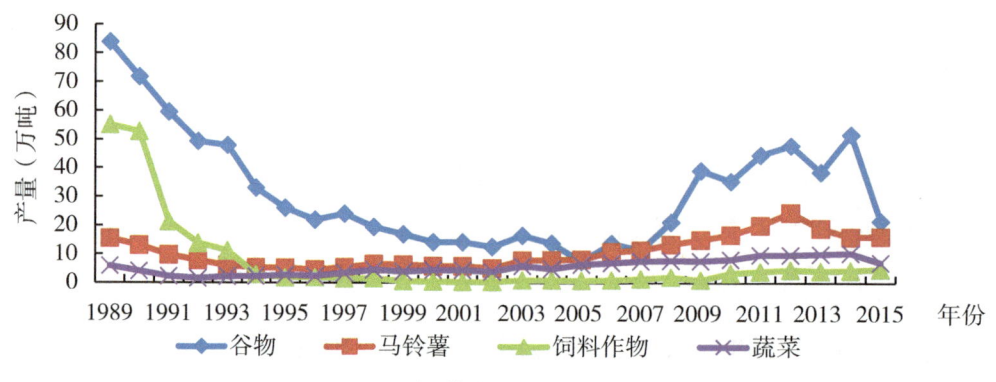

图3　1989—2015年蒙古国农作物总产量变化趋势

资料来源：历年蒙古国国家统计年鉴，蒙古国统计局

蒙古国的谷物单位面积产量较低，1989—2015 年，谷物平均单位面积产量为 0.97 吨 / 公顷，最低的年份是 2005 年，仅 0.47 吨 / 公顷；最高的年份是 2014 年，达到 1.65 吨 / 公顷，今后还有较大的提升发展空间。马铃薯单位面积产量在 2002 年降到最低值 5.07 吨 / 公顷，之后触底反弹，单位面积产量逐年增加，2012 年达到峰值 14.62 吨 / 公顷，2013—2015 年有所下降（图 4）。

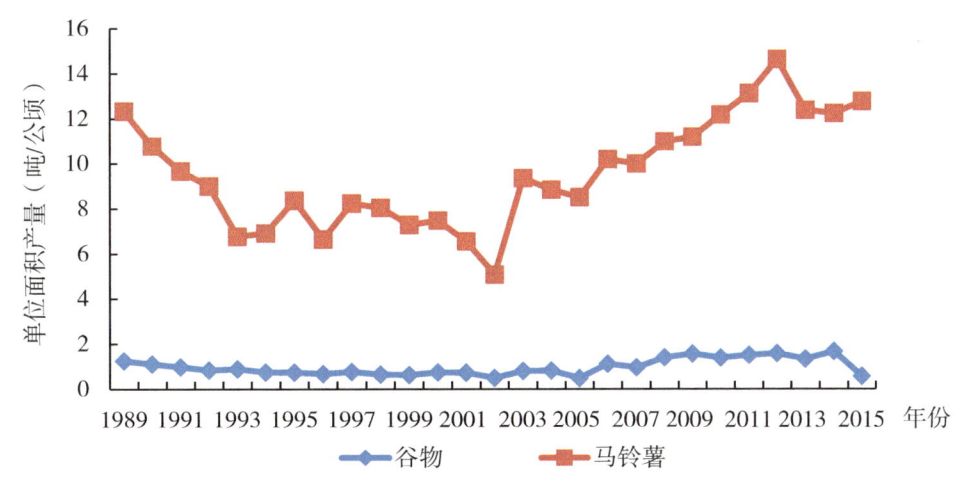

图 4　1989—2015 年蒙古国谷物和马铃薯单位面积产量

资料来源：历年蒙古国国家统计年鉴，蒙古国统计局

（2）畜牧业

蒙古国 1/3 的人口为牧民，他们依靠畜牧业来维持生存，主要收入也来源于畜牧业。虽然随着工业化和城市化的发展，畜牧业产值在 GDP 中所占的比重有所下降，但畜牧业作为蒙古国国民经济基础的地位没有改变。此外，草原畜牧业具有再生特性，是蒙古国国民经济可持续发展的基石，草原畜牧业的发展能够生产无污染绿色产品，能够引领蒙古国经济的绿色可持续发展。草原畜牧业是蒙古国出口优势产业所在，具有较大的发展潜力。

然而，蒙古国畜牧业本身的发展也存在一定问题。2000—2016 年，蒙古国牲畜增长速度极不平衡，气候条件是制约蒙古国畜牧业发展的重要因素之一。2001 年和 2002 年接连发生大规模雪灾，造成了约 570 万头（只）牲畜死亡，仅 2001 年当年损失就达到 4.67 亿元，占 GDP 的比重为 10%。牲畜增长率也呈现负增长趋势。自 2003 年开始缓慢恢复，2008 年和 2009 年发展迅速，但 2010 年的大规模雪灾又造成了牲畜的大量死亡，年末牲畜存栏量同比下降 25.7%，减少 1130 万头（只），到 2016 年末，牲畜量逐渐恢复至 6150 万头（只）。

从牲畜存栏量变化来看，2014 年，牲畜总存栏量为 5198.3 万头，比 1991 年增长 2 倍多，大牲畜如骆驼、马和牛的总量分别达 34.9 万峰、299.6 万匹和 341.4 万头，绵羊和山羊的总头数分别达 1836.2 万只和 1996.9 万只。这一时期，蒙古国畜种结构发生较大的变化，其中绵羊波动最大，存栏量占比从 1991 年的 57.7% 降至 2004 年的 41.7%，减少 16.0%，主要原因是羊绒销售价格上涨，牧民对绵羊与山羊结构作调整的结果。2005 年后羊绒价格开始走低、羊肉价格上涨，绵羊比重开始恢复性提高，2013 年达 44.7%，比 1991 年下降 13.0%，但较 2004 年增加 3.0%。其次波动大的是山羊，存栏量占比由 1991 年的 20.6% 上升到 2008 年的 46.1%，增加了 25.6%，之后由于羊绒收购价格持续走低，山羊数量开始减少。2014 年山羊所占比重为 42.3%，比 2008 年下降 3.8%。同期，其他大牲畜比重都出现不同程度下降，其中牛、马和骆驼的比重由 1991 年的 11.1%、8.9% 和 1.9% 分别降到 2014 年的 6.6%、5.8% 和 0.7%，分别下降 4.5%、3.1% 和 0.6%（表 4）。

表 4　1991—2014 年蒙古国牲畜存栏量变化情况　　（单位：万头，只，峰）

年　份	总　量	马	牛	绵　羊	山　羊	骆　驼
1991	2552.8	225.9	282.2	1472.1	525.0	47.6
1992	2569.4	220.0	281.9	1465.7	560.3	41.5
1993	2517.5	219.0	273.1	1378.7	724.1	36.8
1994	2680.8	240.9	300.5	1378.7	724.1	36.6
1995	2857.2	268.4	331.7	1371.9	852.1	36.8
1996	2930.0	277.1	347.6	1356.1	913.5	35.8
1997	3129.2	289.3	361.3	1416.6	1026.5	35.5
1998	3289.8	305.9	372.6	1469.4	1106.2	35.7
1999	3356.9	316.3	382.5	1519.1	1103.4	35.6
2000	3022.8	266.1	309.8	1387.6	1027.0	32.3
2001	2607.5	219.2	207.0	1193.7	959.1	28.5
2002	2389.8	198.9	188.4	1063.7	913.5	25.3
2003	2542.8	196.9	179.3	1075.6	1065.3	25.7
2004	2802.8	200.5	184.2	1168.6	1223.8	25.7
2005	3039.9	202.9	196.4	1288.5	1326.7	25.4
2006	3480.3	211.5	216.8	1481.5	1545.2	25.4
2007	4026.4	224.0	242.6	1699.0	1834.8	26.1
2008	4328.9	218.7	250.3	1836.2	1996.9	26.6
2009	4402.4	222.1	259.9	1927.5	1965.2	27.7
2010	3273.0	192.0	217.6	1448.0	1388.3	27.0

（续表）

年 份	总 量	马	牛	绵 羊	山 羊	骆 驼
2011	3633.6	211.3	234.0	1566.9	1593.5	28.0
2012	4092.1	233.0	258.5	1814.1	1755.9	30.6
2013	4514.4	261.9	291.0	2006.6	1922.8	32.2
2014	5198.3	299.6	341.4	2321.5	2200.9	34.9

资料来源：历年蒙古国统计年鉴，乌拉巴托统计局

注：存栏量指年末存栏数

随着城市化和国民收入水平的逐渐提高，蒙古国畜产品的需求量较快增长，其中牛羊肉和奶制品需求增加最快，从而拉动了蒙古国肉类生产的发展。2001年全国肉类产量为40.0万吨，2006年减少至17.1万吨，下降了57.3%，主要是由于自然灾害所引起的。之后逐渐恢复，2013年为24.9万吨，比2006年增加7.8万吨，比2001年下降37.8%，这主要是由于自然灾害对草原畜牧业影响大，恢复生产较慢。其中，2006年绵羊肉产量为5.5万吨，比2001年减少10.6万吨，2013年又恢复到9.2万吨。2013年山羊肉产量为6.4万吨，比2001年增加0.1万吨（表5）。

表5 2001—2013年蒙古国肉类生产情况　　　　　　　　　　　（单位：万吨）

年 份	总 量	马	牛	绵 羊	山 羊	骆 驼
2001	2.0	8.9	6.7	16.1	6.3	40.0
2002	1.4	7.7	6.1	15.7	4.9	35.8
2003	0.9	4.8	8.7	13.0	4.4	31.8
2004	1.5	8.3	11.5	13.3	7.9	42.4
2005	1.5	8.5	9.7	12.1	8.6	40.4
2006	0.6	3.2	4.4	5.5	3.3	17.1
2007	0.6	3.6	4.7	6.4	3.9	19.1
2008	0.7	3.8	5.6	7.2	4.8	22.1
2009	0.6	3.6	5.9	9.1	7.8	26.9
2010	0.6	2.3	4.8	7.7	4.9	20.3
2011	0.6	2.6	5.5	7.8	4.5	21.0
2012	0.5	3.1	6.0	6.7	5.6	22.0
2013	0.7	2.9	5.6	9.2	6.4	24.9

资料来源：历年蒙古国国家统计年鉴

从肉类产量结构上来看，绵羊是蒙古国牧民主要的收入来源，也是畜牧生产的重点。2001—2013 年，蒙古国绵羊肉生产一直领先于其他肉类，绵羊肉类产品占肉类总产量的比重在 2002 年达到峰值 45% 左右。2001 年和 2002 年的自然灾害后，绵羊肉产业遭受重创，出现大幅下降，但其占比依旧维持在 30% 以上，2005 年后开始恢复性增长，2010—2012 年波动下降，但 2013 年回升至 36.9%。山羊产业也在近年来的自然灾害中受到了巨大打击，但蒙古国的羊绒产品深受市场青睐，牧民饲养山羊的数量增加，加之山羊的繁殖率高，其数量恢复快，因而山羊肉所占的比重波动较大，但整体呈上升趋势，2009 年山羊肉在肉类产品中占比最高，约为 29.0%，2013 年占比约 25.7%，下降了 3.3%。牛是蒙古国人民主要的肉食来源，但是在蒙古国牛奶的饮食价值大于肉食，加上牛的生产周期比较长，市场供需及价格波动比较稳定，故牛肉占肉类产品的比重相对稳定，2003 年以来基本维持在 25% 上下。蒙古国人民的饮食消费结构中骆驼和马肉较少，加上近年来骆驼和马的役用用途减少，其他用途的经济效益不高，从而导致存栏数减少，肉类产量也在下降，2001—2013 年，骆驼肉和马肉的比重分别减少 2.3% 和 10.4%（图 5）。

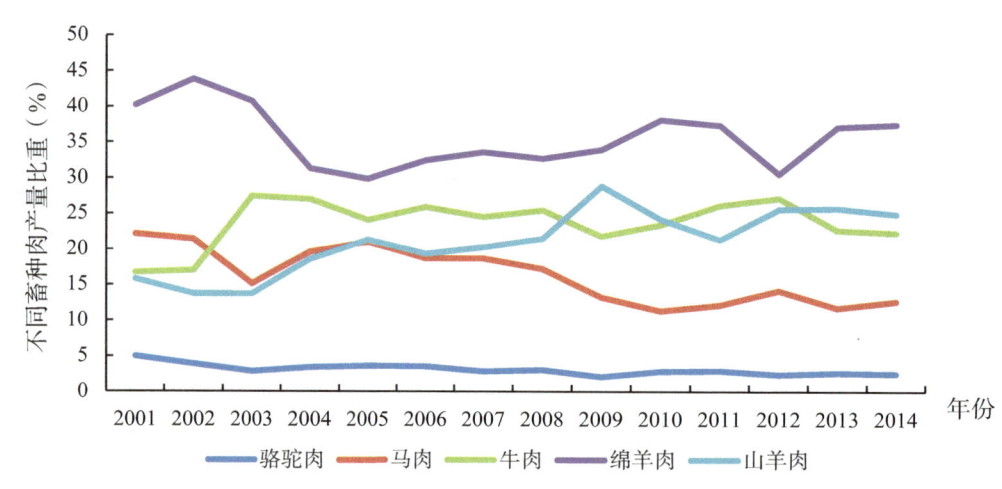

图 5　2001—2014 年蒙古国不同畜种肉产量在总产量的比重

资料来源：历年蒙古国国家统计年鉴

从乳产品产量结构来看，乳产品的生产量呈波动上升趋势，特别是 2010 年之后增幅较大。其主要原因是引进了国外先进技术，且首都乌兰巴托等城市周边的酪农规模和乳酪农场不断扩大。2010 年，乳酪农场数量为 649 个，乳牛头数 2.14 万头；2015 年，乳酪农场的数量增加到 1440 个，乳牛头数增加 3 倍以上，达到 6.85 万头（图 6）。

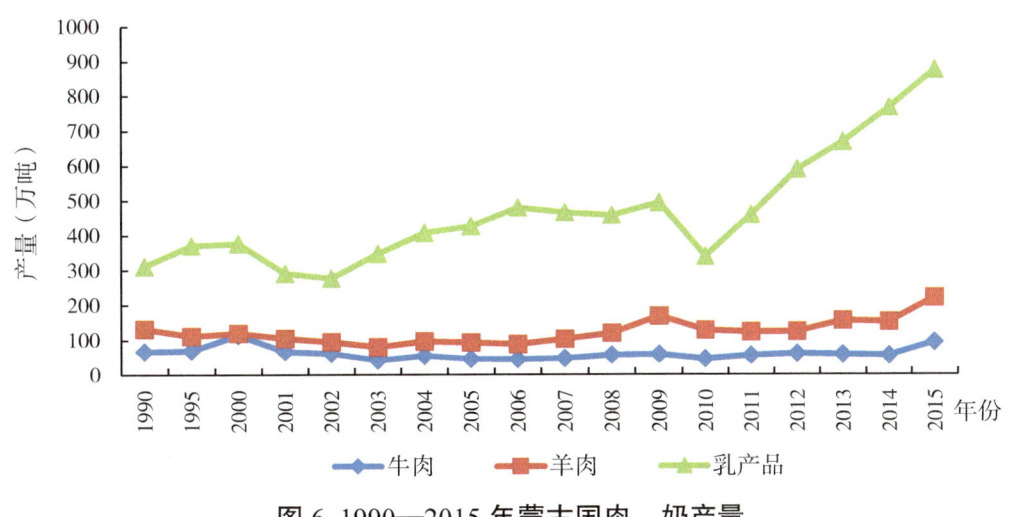

图 6 1990—2015 年蒙古国肉、奶产量

资料来源：《农业部门 2000—2015》，蒙古国统计局

动物制品如羊毛、山羊绒、皮革等在蒙古国的绒毛产业中占据着主要位置，在畜牧业经济当中也起着非常重要的作用。有研究表明，在蒙古国拥有"五牲畜"的牧民家庭中，出售羊毛羊绒赚取的收入占其年收入的 55%，原驼绒收入占 7%，其他收入来源包括乳制品（1%），牲畜皮（2%），以及政府的支持养老金和家庭津贴（35%）。蒙古国近年来平均每年生产原毛、绒 2.31 万吨，其中，绵羊毛占 68.3%，山羊绒占 16.7%，驼绒占 4%，马鬃毛占 4%，牛毛占 3%，其他原料占 4%（图 7）。

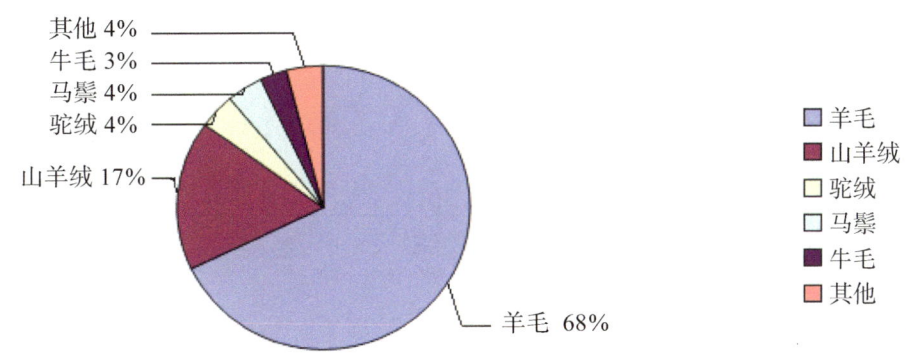

图 7 蒙古国山羊绒、羊毛等动物制品生产所占比例

资料来源：Statistical Data FAAI 2011

从动物制品产量来看，羊毛和皮革的生产量均呈现波动增长趋势。自然灾害依旧是影响羊绒、羊毛、皮革等动物制品产量的主要原因。2000—2003 年的雪灾造成了牲畜的大量死亡，羊毛和皮革产量也随之大幅下降。羊毛产量由 2000 年的 2.17 万吨下降到 2003 年的 1.35 万吨，减少 0.82 万吨。由于山羊绒在当时没有在世界市场上形成规模，山羊绒产量虽

有下降，但并没有造成严重损失，2002年为0.29万吨，比2000年下降0.04万吨。2010年的雪灾同样造成了羊毛、山羊绒和皮革产量的急剧下降。近年来，由于引进了国外先进的山羊绒和皮革加工技术，动物制品的生产量出现大幅回升。2015年，羊毛产量约为2.58万吨，山羊绒产量为0.89万吨，皮革为1520万件（图8、图9）。

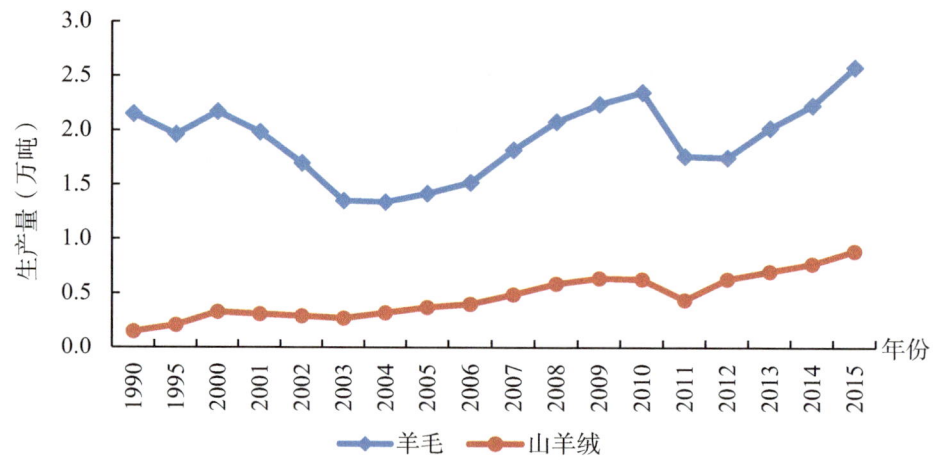

图8　1990—2015年羊毛和羊绒的生产量

资料来源：《农业部门2000—2015》，蒙古国统计局

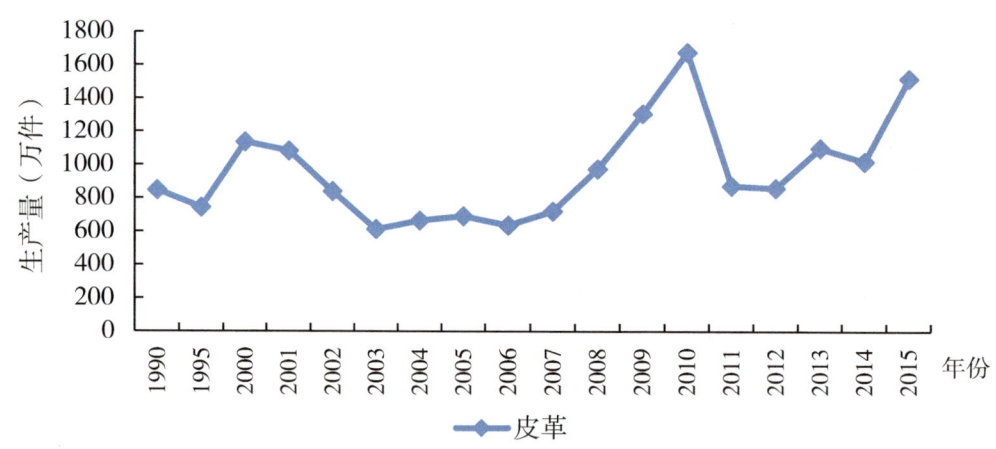

图9　1990—2015年皮革的生产量

资料来源：《农业部门2000—2015》，蒙古国统计局

（4）渔业

蒙古国鱼类资源、水域资源丰富，并且绝大多数保持着原始状态，发展渔业的潜力巨大。随着乌兰巴托、达尔汗、额尔德尼昭、乔巴山等城市的经济不断发展，人们对鱼类食品的消费需求逐年增加。蒙古国当地中小型企业，计划发展冷水鱼产业，对养殖技术和管理的需求加大。

20世纪50年代以后，蒙古国的渔业主要集中在东部贝尔湖、中部的乌兰湖和北部查干湖等区域。早时没有对资源保护和捕捞鱼类种类加以限制。1959年3个湖泊的年捕捞总量为779.1吨，到1964年减至400吨，而到1990年全国年产量在120~200吨。渔业资源枯竭的重要原因是过度捕捞，造成了对渔业资源的毁灭性打击，部分水域基本上已无鱼可捕；另外，某些有害的捕鱼方法如炸鱼和电鱼等，破坏了哲罗鱼、白鱼等鱼的原始生存条件，造成水域"荒漠化"的现象开始出现。同时，由于长久以来缺乏水产品保藏和保鲜运输的技术，以及捕捞季节短的限制，渔业的发展也受到阻碍。蒙古国渔业发展水平较低还表现在其他诸多方面，包括传统饮食习惯、政策、渔业研究、技术水平、捕捞加工水平以及市场等等。

（5）林业

蒙古国是一个森林资源匮乏的国家，2015年森林总面积1433.44万公顷，森林覆盖率为9.2%。蒙古国位于横跨中亚沙漠和西伯利亚寒带针叶林之间的主要过渡地带，涵盖6大生物地理气候区，依次是荒漠、荒漠草原、草原、森林草原、北方森林和山区。森林资源中包含600多种药用植物、400多种食用植物及各种昆虫。1990—2014年蒙古国森林面积持续减少，其中1990—2000年减少了0.70%，2000—2005年减少了0.70%，2005—2010年减少了0.74%。2014年火灾损毁森林面积达28万公顷，受病虫害危害森林面积达61万公顷。蒙古国森林类型大致分为两类，即北方针叶林（包括森林草原、北方森林和山区森林）和南部沙漠和荒漠草原的梭梭林，蒙古国主要树种有落叶松、油松、樟子松、长叶云杉、新疆云杉和桦树等。

蒙古国每年国有企业和私营公司再造林面积达6000~8000公顷。蒙古国政府于2005年正式批准实施"绿色长城"计划（2005—2035年），将在蒙古国沙漠和草原生态系统中建设50万公顷绿化林带。

3. 主要农业产业布局

（1）种植业

根据蒙古国国会规定（2001年），全国22个省、市共分为5个经济特征不同且独立发展的区域。5个地区分别是西部地区、杭爱地区、中部地区、东部地区和乌兰巴托区。自2008年蒙古国加大对种植业的投入以来，种植业稳步发展。从种植业的区域布局情况来看，粮食生产主要集中在中部地区和杭爱地区，两地粮食生产约占全国粮食生产的78.5%。中部地区是最主要的粮食生产区，以种植谷物和马铃薯为主，谷物生产占全国谷物总生产量的57.6%，马铃薯占全国的70.63%。西部和东部地区的种植业生产量基本持平，但主要农作物有显著差异：西部地区主要种植马铃薯和蔬菜，而东部地区以种植谷物为主（表6）。

表6 2015年5个地区粮食产量情况　　　　　　　　　　　　　　　　（单位：万吨）

项　目	西部地区	杭爱地区	中部地区	东部地区	乌兰巴托区	合　计
谷物	0.51	4.88	12.46	3.78	—	21.63
马铃薯	1.80	2.03	11.57	0.66	0.31	16.38
蔬菜	1.41	1.27	3.79	0.40	0.38	7.23
饲料作物	0.94	0.84	2.53	0.14	0.46	4.92
总产量	4.65	9.02	30.36	4.98	1.15	50.15

资料来源：蒙古国国家统计年鉴

蒙古国草原畜牧业的分布基本是受自然条件的影响而形成的，学者们习惯性地将蒙古国草原畜牧业分成西部地区草原畜牧业（包括巴彦乌勒盖省、戈壁阿尔泰省、扎布汗省、科布多省）、杭爱地区草原畜牧业（包括后杭爱省、巴彦洪格尔省、布尔干省、前杭爱省、库苏古尔省和鄂尔浑省）、中部地区草原畜牧业（包括东戈壁省、中戈壁省、南戈壁省、色楞格省、中央省、达尔汗乌勒省和戈壁苏木贝尔省）和东部地区草原畜牧业（包括东方省、苏赫巴托尔省、肯特省）等4个区域。杭爱地区是蒙古国畜产品的主要产区，其次是西部地区和中部地区。2012—2015年，各地区的牲畜存栏量均呈增加趋势，其中西部地区和中部地区的增长相对较快，年均分别增12.3%和11.7%（表7）。从蒙古国畜牧业的区域分布动态来看，近年来基本保持稳定，东部地区存栏量占全国的比重由2012年的14.9%下降至2015年的14.6%，减少了0.3%，杭爱地区由37.6%下降至36.6%，缩减了1%，中部地区由23.1%增加至23.6%，扩大0.5%，西部地区有23.6%上升至24.5%，扩大0.9%（图10、图11）。

表7 2012—2015年蒙古国畜牧业区域分布情况　　　　　　　　　　　　　　（单位：万头）

地　区	2012年	2013年	2014年	2015年
西部地区	967.1	1083.3	1254.5	1371.1
杭爱地区	1538.0	1679.1	1928.4	2048.2
中部地区	946.4	1060.5	1228.8	1320.7
东部地区	609.8	658.7	748.1	817.7
乌兰巴托区	30.9	32.9	38.6	40.4
全　国	4092.1	4514.4	5198.3	5598.0

资料来源：蒙古国国家统计年鉴

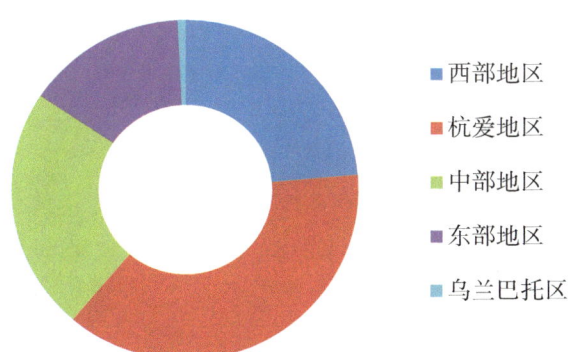

图 10　2012 年蒙古国畜牧业区域分布情况

资料来源：蒙古国国家统计年鉴

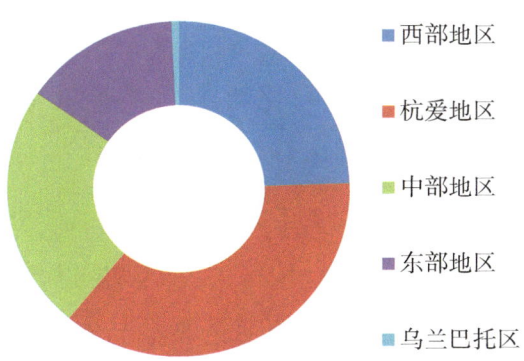

图 11　2015 年蒙古国畜牧业区域分布情况

资料来源：蒙古国国家统计年鉴

（3）山羊绒羊毛产业

蒙古国是山羊绒及羊毛的生产大国，其绒毛出口中大部分为原绒毛出口。但是在绒、毛产品领域里，蒙古国也占据着重要地位并不断进步。如独特的手工制品，采用 100% 自然原绒材料，给蒙古国绒、毛产品打开了市场，吸引了不少消费者。

根据 2013 年数据，蒙古国山羊绒和羊毛的生产地主要分为 4 个区域，分别是西部地区、杭爱地区、中部地区以及东部地区。蒙古的杭爱地区是高品质且产量最高的羊毛羊绒供应区。其次是西部地区，而东部地区及中部地区对羊绒羊毛产业的贡献相对较少。西部地区和杭爱地区的年均绒毛产量可占到全国绒毛总产量的 66% 左右，被称为是高品质高产量的羊毛羊绒供应特区，也成为蒙古国生产羊毛羊绒的中心区域（图 12）。

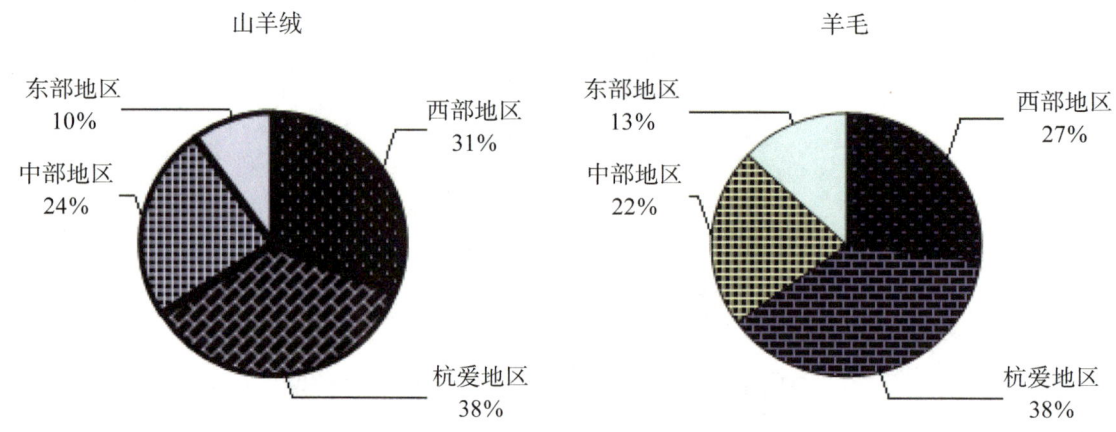

图12 蒙古国各区域山羊绒和羊毛产量比例

资料来源：MOFA2013

4. 畜产品流通产业现状

20世纪90年代以后，蒙古国实行私有化改革，并于1997年1月加入世界贸易组织。转轨之前，蒙古国农产品流通由国家计划体制进行，流通渠道单一，其价格也是国家制定并长期处于固定状态。1997年7月，政府通过了"1997年至2000年国有资产私有化方案"，目标是使私营经济成分在国家经济中占主导地位。在这期间开放农产品流通体制，放开流通多渠道经营，允许私营个体、合作组织和股份制企业参与农产品流通。同时对价格形成中市场因素的作用逐渐扩大，因为牛羊肉是蒙古国人民的主要食物，为了保护多数城市消费者的饮食安全，国家对主要畜产品采取采购储备政策来调节市场，防止食品的供需失衡问题。蒙古国在很短时间内过渡到市场经济，基本没有出现生产大起大落、供需失衡、价格失调等引起的买难卖难问题。究其原因主要为：一是蒙古国畜牧业还处于传统阶段，生产规模不是很大，社会化程度不高；二是蒙古国畜牧业的商品化程度比较低，相当一部分用于自给自足，对市场不是特别敏感；三是多数蒙古国消费者有自己的牛羊肉来源，直接从牧区获得自给性牛羊肉；四是蒙古国牛羊肉产业国际化程度低，对国际市场的关联度不高。畜牧产值在GDP中的比重有下降趋势，但畜牧业仍是重要的基础产业。

另有调查显示，蒙古国牛羊肉流通面临以下几点问题和困境：一是价格问题。比起中国市场，蒙古国活畜收购价、批发价和市场零售价都很低。目前蒙古国畜产品价格水平比中国市场约低30%～50%，而流通企业活畜收购、运输、屠宰、加工、销售成本相对高，使得流通企业积极性不高，甚至造成有些企业处于停产。

二是储存问题。一方面，在蒙古国畜牧业的季节性生产及不确定性供给（如遇到灾年、牲畜疾病等）状态下，畜产品的储存量很难预测，总的来说季节性供给和销售是按照消费者的日常消费量来提供。为适应这种供需状态，必须对储存设备及技术投入大量的资金和资本，在蒙古国流通企业资金不足的情况下形成了困境。

三是销售渠道问题。蒙古国流通企业的分布主要是考虑到生产基地因素较多，在14%关注这个问题的回答者中，66%的人认为蒙古国人民偏好新鲜牛羊肉对流通提出了挑战。此外，认为运输设备和冷藏技术困难的占30%，其它困难占4%。

四是疾病和自然灾害问题。牲畜疾病对蒙古国牛羊肉流通企业造成以下三点问题，首先一旦收购有疾病的牲畜就意味着企业的损失，其次自然灾害都会打破正常的市场流通，造成牲畜供需大起大落，价格激烈波动，最终企业受损。再者牲畜疾病直接负面影响蒙古国牛羊肉流通企业的国际竞争力，从而影响参与国际市场的机会。

五是交通运输问题。目前蒙古国交通还欠发达，多数牛羊肉流通企业采用专用新鲜冷冻设备的运输汽车，难以满足流通运输新鲜畜产品的需要，特别是较边远地区更是如此，若再遭遇下雨降雪等情况，对企业造成的损失将无法预测。

六是畜产品的加工技术问题。这里涉及两个问题，一是目前蒙古国牛羊屠宰加工企业的技术装备除了少数企业外，多数水平比较低，从而影响效率和效益。现代设备和技术的利用可以提高效率，但是多数消费者不愿意接受。这与蒙古国消费者的社会风俗、饮食文化和传统息息相关，对流通企业也是个很大的难题。

七是活畜供给问题。一方面活畜供给数量的不确定性，主要是季节性生产、疾病和灾害因素；另一方面企业和牧户之间还没建立很好的协作关系，更谈不上合同订购，再者牧民一年四季游牧，其流动性很强导致信息沟通及地理位置不对称，也造成活畜收购困难。

八是产品质量问题。疾病和灾害的出现会影响活畜质量，加工技术的不到位也影响销售企业的经营效益。牛羊肉的新鲜保质及消费者的多样化需求，对流通企业提出越来越高的要求，这也意味着对流通企业的加工技术、产品及结构、营销渠道及促销上提出更高的要求。

另外也存在其他一些问题，比如市场规模、消费习惯、国家政策的扶持力度及企业资金不足等也是蒙古国牛羊肉流通企业存在的问题。

5. 草场利用面临的问题

2010年蒙古国制定了以草定畜的国家可持续发展战略，该战略中提出"按照落实草场的有偿使用，明确草场的使用、保护、修复等责权利方针，制定草场利用法律。根据草场现状和变化趋势，科学确定草场载畜量，为调整合理的畜群规模提供依据"。按照草场载畜量来调整畜群规模方面，蒙古国天然植物法第14-3条规定"苏木、区、嘎查长不仅要负责解决恢复植被，还要以创造恢复条件和保护为目的，落实把草场分给使用和责任的权责"。

关于这方面蒙古国土地法第52-2条规定"冬春营地草场的使用，要根据草场生产力状况进行签订协议"。据冬春载畜量限牧方面，苏木地方官员由牧民选举产生并负责进行以草定畜。选举要获胜需承诺改善牧民生活水平和提高收入。但是，增加牲畜头数是牧民收入的基本来源，政府执行限制牲畜头数措施与牧民收入增加之间的不对称，易引起他们的对抗，使以草定畜的法律执行遇到挑战，这也是草场退化的原因之一。

目前以限制牲畜头数来实现草畜平衡存在较多的困难。一是牧民收入减少，牧民没有别的收入来源，依靠增加牲畜头数来提高收入是他们唯一的出路。二是他们的生产、生活成本在增加，一方面消费品价格和运费成本在涨，医疗、学校开始收费等。另一方面牧民居住生活地点离市场都比较远，畜产品市场销售体系还未建立，牧民只能小量生产，加上牧户之间距离也不近，牲畜的集中和运输成本高，所以牧民只好把牲畜低价卖给中间商。草原是蒙古国畜牧业发展的基础，不仅影响畜牧业规模、发展速度，也是决定畜产品产量和质量的关键性因素。

蒙古国以草定畜具备两个基本条件：一方面需要做好分类草场和划定落实草场使用权的边界，另一方面落实草场使用相关的责权利制度。可是蒙古国在制度、技术及其条件上还需要做很多工作。另外，蒙古国畜牧业产业化程度不高，特别是现行草场利用制度体系、畜产品流通体系及设施落后等因素是蒙古草原利用上需要研究的重要课题。

（三）农产品贸易情况

1. 总体贸易情况

根据世界银行数据显示，2016年蒙古国总贸易额为82.56亿美元，其中出口额为49.16亿美元，进口额为33.40亿美元，为净出口国，但在农产品贸易方面，蒙古国的进口额远高于出口额。蒙古国的农产品贸易主要包括动物及动物制品，粮食作物、蔬菜等。进出口结构相对稳定，主要出口畜产品、坚果、油籽，占农产品总出口额的92%以上，主要进口谷物、饮品类、糖料及糖、粮食制品、畜产品、水果、蔬菜和植物油等，占农产品进口额的70%以上。2015年，蒙古国农产品出口额为7992.67万美元，占总出口额的1.7%，农产品进口额为4.77亿美元，占总进口的12.6%，贸易逆差3.97亿美元；2016年农产品出口额为9697.04万美元，占总出口额的2%，较上年增长21.3%，进口额为5.08亿美元，占总进口额的15.2%，较上年增长6.5%，贸易逆差4.11亿美元。2000—2016年，蒙古国的农产品进口主要来自中国、俄罗斯、美国、德国、哈萨克斯坦、韩国和乌克兰，其中，中国和俄罗斯是最主要的进口来源国。

2. 肉类贸易情况

蒙古国的肉类国际贸易水平较低，且不稳定。从肉类总出口量来看，2006年肉类出口量为1.2万吨，2010年增至2.7万吨后急速下降到2014年的0.2万吨，出口量波动较大（图13）。主要出口肉类品种有羊肉、马肉和牛肉；主要进口肉类有禽肉和猪肉等。

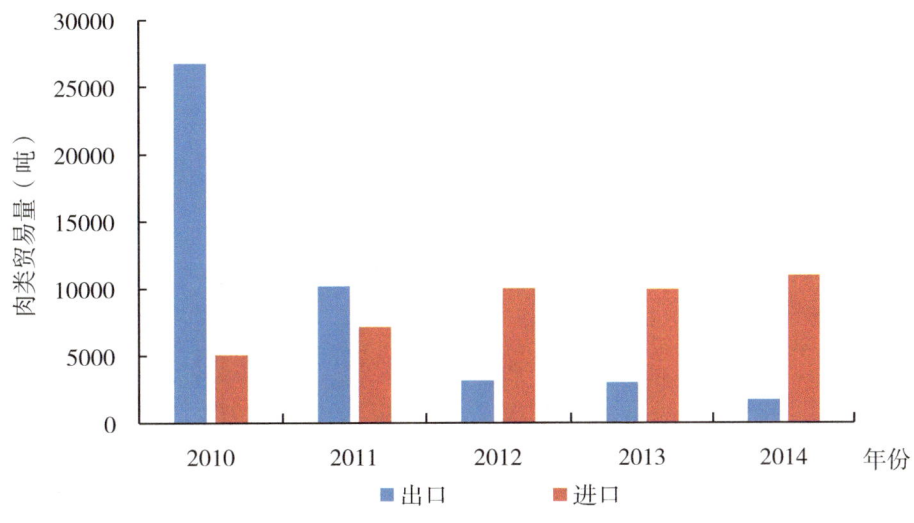

图 13　蒙古国肉类国际贸易量

资料来源：蒙古国国家统计年鉴各年

在蒙古国人民的饮食习惯中，山羊肉和马肉消费较少，故这两个品种的出口较多。从出口的国家来看，蒙古国 90.8% 的牛肉出口俄罗斯，9.2% 出口哈萨克斯坦；13.1% 的马肉出口中国，86.9% 出口俄罗斯；绵羊肉主要销往伊朗，51.9% 的山羊肉出口越南、其余部分出口伊朗。可以看出，蒙古国肉类出口量不多，其出口国家也比较单一。

蒙古国肉类产品出口的主要困境除了牲畜疾病外，供给的不稳定及产业化水平不高也影响其出口水平。2015 年，中国与蒙古国达成蒙古国牛羊肉进口协定，一方面，蒙古国牧民非常重视这一商机，因为蒙古国国内活羊收购价比内蒙古每只羊平均低 50～100 元，比市场上的牛羊肉零售价低 50% 左右。但另一方面，蒙古国政府并不情愿牛羊肉市场完全依赖中国市场，虽然中方给蒙古国的三家肉制品企业发放了经营许可，但中方提出的牛羊肉质量和加工要求也很高。因此，尽管中国向蒙古国开放牛羊肉市场，但是需要一定过程，特别是 2016 年蒙古国较大范围发生的羊痘限制了出口计划。

从肉类进口情况来看，蒙古国肉类进口整体呈上升趋势，从 2010 年的 5073.2 吨增加至 2014 年的 1.10 万吨，呈现出较快的增速。蒙古国进口的肉类主要是猪肉和禽肉，主要从中国和韩国进口。2010 年蒙古国禽肉进口量为 4827.2 吨，2014 年达到 9309.6 吨，增长了近 2 倍，其原因是蒙古国国内禽肉供应量少，一直以来西方饮食文化快速渗透蒙古国市场，禽肉需求上升较快。同期，猪肉进口量由 2010 年的 246 吨，增加到 2014 年的 1643 吨，增长了 6.7 倍（图 14）。

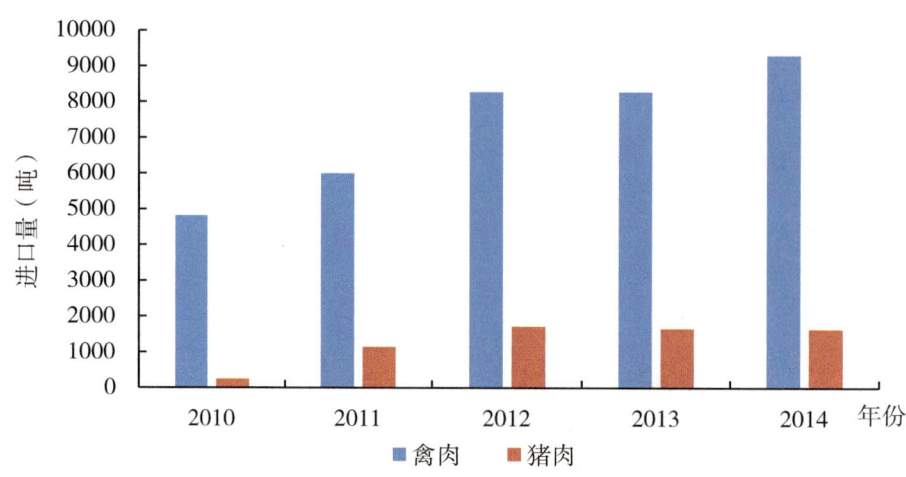

图 14 蒙古国肉类进口情况

资料来源：历年蒙古国国家统计年鉴

3. 中国与其贸易情况

2010—2017 年，中国与蒙古国的农产品贸易额呈增长趋势，进出口贸易额从 1.16 亿美元增加到 4.54 亿美元，增长 2.91 倍。中蒙农产品贸易以中方进口为主导。根据中国海关数据，2017 年中国从蒙古国进口农产品总额为 3.45 亿美元。进口的农产品结构单一，主要为畜产品、坚果、油籽，进口额分别为 2.07 亿美元、8920.18 万美元和 3838.84 万美元。中国出口蒙古国农产品总额 1.09 亿美元，出口的农产品种类较多，主要包括粮食制品、糖料及糖、畜产品、蔬菜、谷物、水果和饮品类等。其中粮食制品、糖料及糖、畜产品、蔬菜出口额分别为 2090.44 万美元、1970.13 万美元、1857.07 万美元和 1149.89 万美元（表 8、表 9、表 10）。

表 8　2010—2017 年中国与蒙古农产品贸易情况　　（单位：亿美元）

年　份	进口总额	出口总额
2010	0.60	0.56
2011	0.76	0.77
2012	0.90	0.80
2013	1.16	0.92
2014	1.32	0.96
2015	2.12	0.87
2016	2.67	0.97
2017	3.45	1.09

数据来源：中国海关

表9 2017年中国从蒙古国进口农产品情况　　　　　　　（单位：万美元）

进口农产品	进口总额
畜产品	20657.04
坚果	8920.18
油籽	3838.84
2013	0.92
2014	0.96
2015	0.87
2016	0.97
2017	1.09

数据来源：中国海关

表10 2017年中国对蒙古国出口农产品情况　　　　　　（单位：万美元）

出口农产品	出口总额
粮食制品	2090.44
糖料及糖	1970.13
畜产品	1857.07
蔬菜	1149.89
谷物	645.89
水果	477.93
饮品类	361.04

数据来源：中国海关

（四）农业产业发展政策

1. 农牧土地使用相关法律

蒙古国法律规定草场的所有使用权归国家所有。1992年通过的蒙古国新宪法规定，蒙古国土地及其森林、水、动植物和自然其它资源为国家所有，由国家来保护。蒙古国国民所有的土地及其资源，森林和水资源，野生动物都为国家所有。为实现这一目标，按照基本法有关规定的基础上，蒙古国1994年通过了土地法。1994年的土地法明确了集体土地所有和使用关系，2002年6月7日此法律进行了修改，草场归国家所有，放开了其使用权。

为了发展畜牧业和保障牧民的生计，国家扶持发展建立"奥特尔草场"，支持牧民自我管理，并建立牧民合作组织机构，同时按照土地法第 52 条国家为牧民提供合理利用草场的相关服务。

在草场利用方面倾向于在国家所有的基础上尽可能发挥民主管理。蒙古国土地法第 52-2 中规定"夏营地、秋营地和奥特尔草场分给嘎查、村集体使用。根据当年牧草长势情况和牧民意愿，对冬营地和春营地进行禁牧，其放牧期限由苏木和区行政长来决定，嘎查长和村委会会长及牧民服从执行。为防止冬营地和春营地草场的退化和恢复，并兼顾该区域特性、利用草场的传统、载畜量，根据基层单位民众大会意见，由苏木长与牧民签订合同，在此基础上给牧民可利用部分草场"。第 52-4 规定"省、首府、苏木和区人民代表会议，根据自然生态环境、社会经济条件可以出台制定放牧草场和定居放牧草场"。第 52-5 规定"为发展集约化畜牧业和养殖业，有围栏条件的草场可以合同方式给民间经济体使用"。第 52-7 规定"国民可以以村为单位共同利用冬营地和春营地草场"。这些规定，对利用草场方面明确了相关的关系。

从土地使用法的这些内容来看，作为国家所有的冬营地和春营地草场，通过合同方式将其部分草场的使用权下放给牧民使用，保证了草场的有主使用。在部分草场气候变化不稳定的条件下，牧民通过游牧方式共同利用部分草场来从事畜牧业。牧民施行集体经营方式管理草场，把夏营地，秋营地和奥特尔用草场等草原分给嘎查、村来共同使用，而以村为单位使用冬营地和春营地草场。

2. 草场生产力恢复方法

蒙古国畜牧业仍以游牧生产方式为主，与草原建设、草原投入相比，保护草原生态是游牧生产体系中的核心理念和技术，草场能够自然维持其再生产状态叫做草场的可持续性，这是生态规律。在蒙古国传统游牧生产中常用休牧、季节轮牧、规定期间内禁牧等方法来保证牧草自然生产能力，而且这些行为都是牧民们的自觉行为。

随着城市化、工业化的推进，这一传统方式也在面临挑战。现在的蒙古国畜牧业生产中，特别是人口比较集中的中央省一带无视这一优良传统，过度追求牲畜头数，超载过牧是草场退化的根本原因。其主要表现是，具有定居成分的游牧次数下降，草场载畜量加重。2016 年的实际情况是每 100 公顷草场的放牧量达 66 只羊单位。如果按照蒙古国学者所研究的每 100 公顷草场可放牧 62 只羊单位的标准，实际超载过牧达 6.4%。如果考虑对不同草场进行休牧，目前的草场载畜量远远超出了合理范围。

草场退化的原因除了超载过牧外，还存在掠夺式的不合理利用等问题。据蒙古国学者的研究，中心市场和水源周围过分集中定居放牧、无序开设道路、草原开发矿产后得不到修复、耕地废弃及病虫害、草场缺水等都是加快草场退化的因素。目前蒙古国在牲畜饮水点周围1～5千米半径的草场退化严重,植被稀疏,牧草高度只有3～5厘米,牧草种类大量减少,而牲畜不喜欢采食的牧草种类增多。

牧民为了便于出售畜产品,集中于市场和城市附近定居,使牲畜集中引起草场退化,可持续发展面临极大的挑战。在牲畜过度集中的饮水点和城市附近超载过牧达1.3～11.4倍,造成在个别草场上几乎无法从事畜牧业的地步。

草场上开矿后不进行修复,加大了对草场的破坏。蒙古国近年来在金矿、铜矿、煤矿等资源开发方面快速发展,但是从有些河流干涸的惨痛教训可以看出,不合理和粗放式的矿产资源开发已造成严重的自然生态危机。这说明活畜及畜产品流通问题直接或间接地对草场利用产生了影响。长期超载过牧加重了草场退化、沙化,直接影响牲畜头数的增加和畜产品产量水平,导致牧民收入减少。为了预防经济、社会、生态危机,保证国家可持续发展,合理调整牲畜及牧民规模与草场资源实际承受能力已成为蒙古国农业亟需解决的重大问题。

3. 畜牧业支持政策

近十年来,蒙古国绒、毛产品出口量极不稳定,很难看出有特定的趋势和规律。这与蒙古国内绒毛企业兴衰、国际绒毛市场价格波动以及中蒙边境小额贸易变动等有较大关系。据估算,初级绒毛加工企业仅能利用其生产能力的70%,初步加工和深加工企业的加工能力仅为30%,对于加工企业来说,考虑如何提升效率是最迫切的。原料羊绒和羊毛的大量出口以及本国加工业的能力不足,使蒙古国政府意识到,增加山羊绒和羊毛产品的加工和深加工是必要的。根据蒙古国的宪法,牲畜被认为是国家财富的一部分,是受国家保护的。前些年,蒙古国政府对畜牧业的投入并不是特别突出,尤其在市场经济中,有关保护动物健康和遗传多样性的方案和计划,建立私人兽医和养殖企业之间信息共享和监控相关的畜产品原产地及其生产效率和健康状况的数据库等方面,投入不足,建设速度较慢。然而,近年来蒙古国政府对本国的畜牧业给予很大关注与扶持,羊毛、山羊绒产业也得到了前所未有的重视。为了快速发展绒山羊业,使其在经济增长和减贫方面,做出显著贡献,政府协助牧民出售山羊绒原料和开发新市场。目前,蒙古国政府实施了诸多方案,如"牲畜健康计划""如何提高牲畜质量""支持发展集约化畜牧业"和"牲畜饲料及食品安全"等。

4. 牲畜疾病防治,保障食品安全政策

牲畜传染病一直是困扰蒙古国畜牧业的一个重要的限制因素,每次发生牲畜传染病不仅给畜牧业造成重大损失,也是蒙古国畜产品走不出国门的最根本的原因。1990年以前蒙古国实施计划经济体制时期,建立了比较完善的牲畜疾病防治体系,从国家层面农业部至基层都有专门兽医工作站和工作人员,有效地防控了牲畜传染病的发生和流行。1990年蒙古国开始了民主体制转变,实施私有化改革,将畜牧业生产经营推向市场,相对弱化了国家宏观

调控，原有的牲畜疾病防控体系基本消失，畜牧业面临较大的发生传染病风险。据蒙古国家电视台（MNB）2016年12月4日报道，2016年蒙古国苏和巴特尔省的11苏木，亨特省9苏木，东方省7苏木中央省10苏木，东戈壁省8苏木，中戈壁省4苏木，乌兰巴托市12苏木发生了羊痘病。

蒙古国在牲畜传染病防控方面主要采取的政策对策包括：备好做好预防工作，保证疫苗储备和研究；建立健全国家相关部门及基层兽医工作者在内的牲畜基本防控传染病体系；建立健全牲畜传染病上报信息体制；及时对处理发生传染病牲畜进行隔离及医学处理；提高牧民的防控牲畜传染病意识，知识水平及应对能力等。畜牧业区域化（分为五类区域）发展政策如下。

一是培养年轻新一代牧民政策。近年来随着蒙古国城市化进程的加快，年轻一代不愿意从事农业生产工作，加上人口数量少，蒙古国农业面临着农业劳动力不足的问题。蒙古国计划加强培养新一代农牧民的工程建设来解决这一问题。例如蒙古国立农业大学建立了牧民大学，专门培养有知识会经营的职业牧民。

二是提高食品自给能力政策，2015年面粉（小麦）、肉类、马铃薯实现了完全自给，而其它食品目前还没能达到完全自给，需要从国外进口。蒙古国农业专家们认为，蒙古国过分依赖进口会对国内农业造成威胁。蒙古国牲畜存栏数虽然达6000万头（只），但是每年从国外进口大量奶粉，据蒙古国海关统计资料表明，2015年蒙古国进口奶粉3137吨。对此，2016年蒙古国实施鲜奶加工保障内需促进出口国家项目，项目计划利用8年时间到2025年完成，主要是在牧区建立适度规模的奶制品加工点，把鲜奶加工成奶粉。这一工程的实施不仅将为6000~8000个牧民提供就业机会，还将提高奶粉自给能力，实现出口。

三是发展农业保险，保障农牧业稳定发展政策。目前部分农牧业进行保险试点，今后逐步推广，蒙古农业部认为发展农业保险是农业克服自然灾害和疾病威胁的有效途径。

5. 农业发展规划

2015—2025年蒙古国畜牧业发展规划为，缩小规模优化结构调整草畜平衡，优化畜牧业结构。蒙古国草原载畜量为6700万只（羊单位），目前已达7800万，2025年的规划为牲畜头数5380万羊单位（实际不超过4800万头只，其中绵羊2000万只、山羊2000万只、大牲畜800万头），目前主要绵羊山羊为主占90%，其它占10%，到2025年结构调整目标为马20%、牛34%、骆驼5%、绵羊20%、山羊20%，发展集约化畜牧业。这样既能减少牲畜头数又能适应市场需求，其结果将实现奶粉和肉类增加两倍，肉类由现在的25万吨增加达50万吨，形成出口25万吨肉类的能力。蒙古国畜牧业在奶肉产品，还有禽蛋、猪肉、蜂蜜等多元化发展方面有很大潜力，具有广阔的市场需求，不仅可满足国内市场，还有出口的可能。

蒙古国畜牧业发展战略坚持的原则是：生产方面提高效率，提高产品率，提高质量，品种改良；草场利用方面草场归国家所有，使用权落实给牧民，为减少自然灾害对畜牧业的制约，国家在省与省之间进行调整政策，发展牲畜保险（100只羊的一年保险费为2只羊）；完善畜产品流通体制，减少中间环节，降低流通成本，完善加工销售体系。

畜牧业发展的重点方向：一是财经支持体系的建立，拓宽融资渠道；二是降低畜牧业各种风险，多种疾病传染病的防控，建立稳定价格体系；三是加强畜牧业科研力度，提高科技水平；四是发展龙头企业，提高出口能力。

从畜牧业的未来发展趋势来看，首先是发展环境友好型畜牧业，严禁超载过牧；其次要有市场竞争力；再次是有经济效益的可持续发展。发展可持续畜牧业离不开蒙古国传统畜牧业的实际情况，不能盲目引进别人的模式，蒙古国畜牧业与其他国家畜牧业是有不同特性的，应通过自我调整来维持可持续发展的体系。最后是建立畜牧业可持续发展的监督检测机制，生产、加工、销售，信息化服务体系问题。

三、农业投资环境

（一）引进外资的相关政策

蒙古国农业科技政策的核心是对外科技合作。政府以加强对外科技合作的形式，鼓励和引导本国畜牧业和农业迅速发展。具体而言，蒙古国已经与俄罗斯、中国、日本、欧盟、德国和法国等许多国家开展了广泛深入的合作。

为促进经济增长，蒙古国议会已于2017年2月2日通过《企业所得税法》修订案，决定对部分行业实施税收优惠，范围包括食品、服装、纺织、建材及部分农业领域。在上述行业中，年营业收入低于15亿蒙图（约合人民币415.8万元，汇率：人民币1元≈360.78图格里克）的企业可享受低至1%的企业所得税优惠税率。税收优惠当即执行，到2021年1月1日结束。

蒙古国政府投资政策的连续性较差。蒙古国的政治制度为宪政共和国，设有总统的一院制议会民主体制；国家大呼拉尔（议会）是国家最高权利机关，行使立法权；国家大呼拉尔可提议讨论内外政策的任何问题。国家大呼拉尔主席、副主席、总理和总统任期均为4年，政府成员由国家大呼拉尔任命。每届政府新成员上任，对上届未实施的决议要重新审议，导致蒙政府投资政策的连续性和稳定性较差。蒙古国法律修订频繁，中国企业到蒙古国投资首先应该注意法律环境问题，积极就蒙古国的整体投资环境和相关行业法律法规进行深入调研和评估，切忌盲目从众；同时，密切关注当地法律变动的情况，及时调整决策和部署；建议在当地聘请律师作为公司法律顾问，处理所有与法律相关的事宜。企业管理人员要熟练掌握蒙古国的投资法、税法和环保法，如投资矿产资源要掌握矿产法，并了解其他相关法律法规，依法经营，照章纳税。目前，在蒙的增值税、企业所得税和个人所得税3种税的基本税率均为10%，关税为5%。

（1）关于2016年赴蒙务工的中国公民需要履行的法律职责与纠纷处理方法如下。

第一，务必通过合法渠道赴蒙务工。根据中华人民共和国国务院《对外劳务合作条例》，赴蒙务工前必须与经国家商务部审批并依法取得对外劳务派遣资格的劳务中介公司签订书面合同，并查看该公司与国外雇主订立的书面劳务合同，不要听信"黑中介"和包工头的口头承诺出国务工。

第二，务必持合法签证赴蒙务工。根据蒙古国法律规定，赴蒙务工必须持有蒙古国政府颁发的劳务签证（HG类），并由用工方向蒙古劳动部门交纳外籍劳务人员"岗位费"，否则被视为非法务工，工人将面临蒙方罚款、拘留处罚并将被强制遣送回国，还将导致工人无法在离蒙前索要被拖欠工资。

第三，务必在国内签订正规书面合同。国内一些包工头与在蒙古经营的承包商或个人等达成协议，作为非法中介从自己家乡招募工人赴蒙务工，并从中收取中介费，跟随此类人员出国务工存在风险。即使持有合法劳务签证，通过合法途径跟随包工头赴蒙务工，也应在国内时与包工头签订正规书面合同，以确保发生问题时，能够通过法律手段维护自身合法权益。

第四，务必了解赴蒙工作环境及风险。在蒙古工作、生活条件艰苦；劳动强度高、工作时间长、加班多；存在饮食、语言等诸多不便；外国人被打、被偷抢等案件时常发生；存在个别不良业主恶意拖欠工资现象，解决相关问题耗时漫长。

第五，务必依法处理纠纷。发生工资被拖欠情况时，积极与包工头、用工方协商解决，防止采取过激行动，触犯当地法律，危及自身安全并遭受更大损失。出现问题时及时与使馆领事部和经商处联系，提供个人信息及中介公司、包工头、用工方负责人的姓名、国内外电话和住址，听从使馆建议，配合使馆协调解决问题。使馆将尽力提供帮助，依法维护中国公民的合法权益。

（2）中国公司在蒙古国设立100%中国独资企业需要准备的资料如下。

公司营业执照复印件。

公司组织机构代码证复印件。

公司法人身份证复印件。

中国公司上一年度完税证明以及年度银行往来流水表。

中国公司董事会决议：公司的公函授权代表人去往蒙古国注册公司，标明公司的营业范围以及注资金额。

中国公司需要通过所在省商务厅申报境外投资许可并得到相关批复文件。

中国公司所在省外汇管理局备案并申请投资外汇额度。

中国公司在蒙古国投资企业的股份，如果独资最小投资额为10万美金，如果两个股东则为20万美金，三个股东30万美金，以此类推。

中国公司董事会决议指派的蒙古国代表人在准备材料时，需要该代表人的护照复印件以及个人照片两张。

需要通过中国银行账户按照外汇管理局批复的投资额度给蒙古国开户行账户汇款。

凭借汇款凭据以及以上的相关资料申报注册外资投资公司。

一般申请下来的公司都是"国际贸易"，如果想拓展业务范围，需要在蒙古国技术监督局申请特殊资质证件，凭借特殊资质证件来变更营业执照的业务范围。

中国公司申请独资公司必须在蒙古国当地租赁办公场地，蒙古国投资局在审批材料时要查验办公场地以及租赁合同。

中国公司委托人必须在当地申请电话号码用来备案登记。

公司手续审批后先刻录公章并领取蒙古国税务登记证和营业执照，上面记录投资的中国公司名称、投资比例、投资金额、公司注册地址、联系电话、税务登记码、国际登记序列号。登记证背面：开户行名称、币种、账号，下面备注部分在以后年度的延期时候做文字登记记录该公司的营业业务变更，延期时间一般新注册公司开始都是1年度1延期，已经经营5年以上的一次可延期2年。

公司注册后，法人代表可向蒙古国移民局申请多次往返签证，同时申请长期居住卡；签证和居住卡的期效和该公司的营业执照日期匹配，法人代表也可以凭借中国的车辆驾驶执照在蒙古国交通警察总署换取当地的驾驶执照，驾照的期效和营业执照有效期一致；营业执照到期后应提前3个星期准备延期手续，办理营业执照的延期文件。

公司申请成功后，应聘请当地的财务会计人员，每个月按照企业的经营情况向所在地的区税务局进行月度报表10日前，季度和年度报表20日前；同时申请的蒙古国公司应该向所在区的社会保险局交付法人代表和所聘请蒙古国员工的社会保险。

在蒙古国经营公司需要注意的问题：员工的劳务手续、签证的合法性，及时申报税务报表及上缴企业经营税、盈利税及员工的个人所得税；及时交付社会保险；中国员工的临时居住登记需要第一时间到所在地的警察局办理。

(二)风险分析

1. 经济风险

近年来世界政治经济形势因国际金融危机而发生巨变,全球经济普遍萧条,增速下降,表现出危机长期化的倾向。受 2008 年国际金融危机影响,蒙古国经济近年来一直不景气,GDP 增速也极不稳定,2007 年蒙古国 GDP 增速为 8.8%,但受经济危机影响,2009 年降为 -2.7%,出现了严重的经济衰退。通过国家经济刺激和外国经济援助,2011 年蒙古国 GDP 猛增至 15.3%。但是,之后蒙古国经济又直线下降,截至 2015 年年底,蒙古国 GDP 又回落至 0.7%。经济的不稳定带来了一系列巨大的社会问题,如国民消费低迷、蒙币贬值、金融业混乱、工厂企业倒闭等。金融危机对蒙古国农业发展的影响较大,蒙古国国内物价高涨,消费水平下降,蔬果、禽蛋等中国传统外销蒙古国的农产品销售也受到一定影响。在加之经济危机导致蒙古国贸易保护思想抬头,2015 年,蒙古国政府已经提升了 5 个种类超过 10 种产品的进口关税,2016 年,蒙古国工业部又将 14 个种类近 100 种商品的进口关税从 5% 增长至 20%,100 种商品主要包括乳品、蔬菜、建材、动物制品原材料等。进口关税的增长有利于保护蒙古国国内脆弱的农业和工业基础,但不利于对外经济的开放与合作,更容易造成贸易争端,不利于蒙古国农产品的进出口。

世界经济危机对中国也造成一定影响,2012 年开始中国经济开始放缓,GDP 增速放缓,经济进入新常态发展阶段。中国经济也开始转型,将过去粗放式的追求速度转变为可持续性的经济增长。而农业一直是重点发展的产业,通过新常态背景下农业的可持续、稳定、高效的发展,有望提高中国农产品在世界市场上的竞争力,贡献优质的 GDP 成果。但从中蒙贸易总量和交往时间尺度来看,中国各省市与蒙古国区域经济合作不够协调。有些省份在部分年份经贸合作比较活跃,双边贸易额明显上升;但部分年份经济合作出现停滞状态,贸易额急速下降;有些省份只有出口贸易,没有进口贸易等现象在某种意义上可以说明中蒙经济合作的自发性明显,尚未形成长期、稳定、协作的经济合作关系。总体来说,经济危机对于中蒙农业合作既是契机也是巨大的挑战,如何通过良好的双边合作,形成互补也是未来双方需要共同解决的难题。

2. 自然环境风险

蒙古国幅员辽阔,农业以草原畜牧业为主。但是由于各个苏木相隔距离较远,对于自然灾害的预警、抵抗和牲畜疫病的防范、治疗方面的能力较弱,导致近年来蒙古国的草原畜牧业发展滞后。对于蒙古国来说,草原白灾对其畜牧业的危害最大,1999/2000、2000/2001、2001/2002 连续 3 年的白灾造成了蒙古国 1000 万牲畜的死亡;2009/2010 单一年度的白灾又造成了1000多万牲畜的死亡。白灾造成牲畜的大量死亡，有的牧户甚至损失掉所有的牲畜，对蒙古国的农业发展造成致命打击。同时，蒙古国的牲畜疫病防治水平相对较低，缺医少药，蒙古国全国兽医仅有1700名，平均每个兽医要负责对4万头牲畜的疫病防控，显然力不从心。蒙古国在2016年底发生大面积羊痘瘟疫，蒙古国首都和5个省共54个苏木的羊感染羊痘，但由于各苏木距离较远，药品和疫苗运送较难，疫苗失效，造成羊的大面积死亡。自然灾害和疫病造成蒙古国的农产品难以提高质量，无法形成市场竞争力，也难以出口到国际市场。目前，通过南南合作框架，中国已经在技术和培训方面为蒙古国提供了大量支持，但蒙古国相关农业部门忙于应对自然灾害和疫病，难以开展更深层次的合作和交流。

3. 基础设施和专业知识风险

蒙古国由于近年来政治不稳定、经济衰退等原因，政府对农业的投入相对不足，导致农业发展相对滞后。各苏木的农业基础设施严重不足，道路、农舍、储草设施、农机设备等农业发展所需的基本要素均难以满足，再加之蒙古国农牧民的农业知识也比较匮乏，对科学养殖、疫病防护、环境保护等方面的知识技能不足，使得蒙古国农业发展难以形成规模。而且在中蒙农业合作上，由于基础设施的不足和牧民农业知识的匮乏，合作项目的推动存在一定难度。

（三）总体评价

蒙古国经济风险相对较大，干旱等自然条件及基础设施匮乏、农业劳动人口少且分散对农业投资合作具有一定限制。经济结构单一，增长过度依赖矿业，受制于国际原材料价格波动的影响，国际能源下跌致经济增速放缓。贸易保护政策又影响了经济恢复速度。从内需来说，人口少且集中度较高，消费潜力增长低，经济刺激内生动力不足。从自然条件来看，蒙古国水资源不足，农业生产上面临的主要问题是干旱。畜牧业在改良品种、牲畜生产能力和抗灾能力等方面比较差，未来农业发展需要较大的投入。综合来看，尽管蒙古国在农牧业方面属于具有合作潜力的国家，但在经济没有明显恢复前，合作重点主要在农业科技合作和农产品贸易领域。

四、中蒙农业合作现状与合作重点

（一）合作现状

1. 中国与蒙古国签署的涉及农业的双边协定

2013年3月25日，中国科技部部长与蒙古国教科部部长就深入开展双边科技与创新合作和落实《2011—2015中蒙科技合作协议》，建立副部级联委会机制，援助蒙方科技园区规划，支持两国专家交流与互访等事项达成共识。2013年10月25日在北京，中蒙两国总理签署的《中华人民共和国和蒙古国战略伙伴关系中长期发展纲要》中指出：继续在中蒙科技合作联委会框架下，推进双边科技合作。利用中国经验，为蒙古国科技体制改革和科技创新体系建设提供建议与咨询。为蒙古国第一个国家科技园区建设提供战略规划与政策咨询，引导中国高新技术企业和科技服务业到蒙古国发展。根据蒙古国经济社会发展重大需求，共同投入资源，合作共建联合实验室或联合研究中心。同时，签署了《中华人民共和国科学技术部与蒙古国教育科学部关于在蒙古国建设第一个国家科技园区的合作谅解备忘录》。根据蒙方要求，在互惠互利的原则下，中方将积极考虑，并积极引导中方机构与蒙方相关机构合作，在蒙古国科技园区合作建设中蒙企业创新中心、企业孵化器、企业加速器等科技园区发展所必需的公共服务功能机构。2014年8月22日，习近平主席在蒙古国访问期间签署了《中华人民共和国和蒙古国关于建立和发展全面战略伙伴关系的联合宣言》和多项合作文件。

此外，内蒙古自治区政府与蒙古国教育文化科学部签署的《关于内蒙古自治区人民政府与蒙古国科技合作框架协议》，开创了新形势下中国地方政府与蒙古国开展全面科技合作的新局面，保障和鼓励了中蒙科技合作向纵深及更广泛的领域发展，具有里程碑的意义。

2. 中国与蒙古国开展的科技合作与交流

2014年，由内蒙古农业大学和内蒙古中蒙技术转移中心共同承担的科技部国合司对发展中国家科技援助项目——《共建中蒙生物高分子应用研究联合实验室》，得到中华人民共和国科学技术部资金支持。实验室的建设期为2年，2016年12月建成。实验室建成后，将为蒙古国教科部系统、科学院系统以及高等院校系统、医药卫生系统的多名专家学者提供合作科研平台，并面向蒙古国社会开放。

2006年以来，内蒙古自治区农牧业科学院与蒙古国在（农）作物与牧草种质资源、牧草新品种选育、绒山羊、胚胎移植和蔬菜等领域开展了广泛的科技合作、学术交流和人才培训，并取得了丰硕成果。先后派出了46位专家学者赴蒙古国进行了项目合作、学术交流与科技考察，其中一人（康连和副研究员）作为农业部"南南合作"项目派出专家。同时，累计接待蒙古国教育科技部、农业部、科学院、企业、协会和农牧民来访人员达274人。

内蒙古自治区农牧业科学院承担的国家国际科技合作专项项目《蒙古高原绒山羊高效生态养殖技术模式联合研究》得到中华人民共和国科学技术部资金支持。内蒙古自治区鄂尔多斯市鄂托克前旗北极神绒牧业研究所为该项目合作单位，为绒山羊生态养殖模式在蒙古国的示范推广提供了技术支撑。

内蒙古师范大学与蒙古国一直保持着紧密的科技合作关系。2014年11月31日至12月

4日，内蒙古师范大学邀请蒙古国科学院、乌兰巴托大学相关人员来呼和浩特，就双方合作研究事项进行了讨论和协商，并达成了教育、文化、考古、历史、民俗、乳制品、资源环境、新材料等多个方面合作研究项目意向，其中科学技术方面的合作项目如下：一是与乌兰巴托大学合作研究《"蒙古额吉格"生产工艺及其商品化研究》项目，在乌兰巴托大学获得的"蒙古额吉格"（奶酪）蒙古国专利基础上，通过双方合作，利用蒙古高原天然纳米原料和原牛奶，开发和生产比传统奶豆腐更加可口、香甜，更加柔软细腻，保鲜效果好、味道纯、色彩丰富、形状多样的"蒙古额吉格"（奶酪）的新工艺，并研发有效克服传统奶豆腐随放置时间延长变硬的弊端。在本项目中，内蒙古师范大学和蒙古国乌兰巴托大学将共同研发"蒙古额吉格"的小试、中试和产业化技术，研究开发生产设备，为该产品的商品化打下基础。二是与蒙古国科学院合作研究《中蒙跨境灾害监测预警与信息共享研究》项目。旨在解决中蒙跨境区域重要自然灾害的遥感监测与预警、北斗卫星导航定位在中蒙跨境地区灾害监测预警与应急救助方面的应用中的关键技术问题，为两国构建多语言中蒙跨境灾害监测预警与信息共享服务系统，为推动中蒙防灾减灾业务化监测系统建立奠定基础。三是与蒙古国乌兰巴托大学合作研究《蒙古国食用和药用野生果实植物种质资源的调查研究》项目，开展蒙古国境内分布的食用和药用野果植物资源野外调查、室内实验和田野试验，从而摸清蒙古国境内分布的食用和药用野果植物资源的分布、储量、生境特征，搜集食用和药用野果植物的幼苗和果实、种子，分析食用野果的营养成分以及药用野果的部分有效成分。从而对重要食用和药用野果植物资源的保护、合理利用、繁育、引种驯化、种植等提出合理建议，为蒙古国建立食用和药用野果植物苗圃提供基础园林植物种类。

此外，在内蒙古自治区科技厅与中国科技部国际合作司的领导和指导下，内蒙古中蒙技术转移中心积极组织开展中蒙科研机构及企事业单位开展科技合作与对接交流活动。

3. 中国对蒙古国开展的援助合作

在种植业方面，精选中国农作物，使其适应蒙古国的环境，本土化。近年来，蒙古国与内蒙古自治区农牧业科学院、内蒙古农业大学签署了农业、蔬菜生产合作、家畜改良等方面的合作协议3份；争取到中华人民共和国科学技术部中蒙国际科技合作专项、中华人民共和国农业部"948"项目和内蒙古自治区科技计划项目3项。蔬菜所就露地蔬菜种植技术培训蒙古国菜农30人；畜牧所就胚胎移植等技术培训了蒙古国畜牧科学院和企业的12名技术人员；就光控增绒技术培训蒙古国农技人员和农牧民50多人。

在畜产品出口方面，建设封闭的牲畜饲养区域，防止蒙古国本土疫病侵袭，培育向中国出口肉产品的"绿色产区"。构建中蒙边境区域疫病传播防范机制，以防疫病跨国传播；蒙古国派畜牧业科技人员来华学习培训，互动交流；鼓励中国对蒙古国农业投资，并增加对中国农产品出口。

2011年底，内蒙古农业大学、锡林郭勒职业学院开始招收蒙古国留学生，目前蒙古国留学生已经有100余名。同时，还组织开展了面向蒙古国学员的各类短期培训，已在畜牧兽医、蒙医五疗术、园林技术、电焊技术等12个专业领域开展培训近700人次，得到了蒙方培训学员的一致好评。内蒙古草都农牧业发展有限责任公司承担的《蒙古国内蒙古农牧业科技示范园区》项目，得到内蒙古草都研究院、内蒙古农牧科学院、中蒙"南南合作"项目专家组、农业部外经中心、内蒙古农业大学等单位的技术支持。该项目建设期2014—2018年，项目预计总投资3800万元。

此外，蒙古国从中国获得低息贷款，支持蒙古国农业发展。2015年，中国政府向蒙古国牧民以低息贷款的方式出售了125马力的农用四轮车90台，8吨卡车后挂90台、165马力四轮车42台、收割机51台。据报道，中国人民银行有望将两国150亿元人民币的本币互换协议再延长至少3年。

（二）合作潜力

1. 合作基础

中蒙两国农业互补性强。两国在影响农业发展的土地资源、水资源、气候、劳动力以及技术水平等农业资源上都存在互补性，同时在两国农产品贸易结构上也存在较强的互补性。农业资源的互补和农产品结构的互补性为两国开展农业合作提供了基础性条件。

（1）两国政治互信不断加强

中蒙两国互为友好邻邦，常年来在经济和社会发展方面保持着良好的互信关系，为两国在农业和农产品贸易方面的合作打下来坚实的基础。中蒙两国同为上海合作组织成员，在组织框架内可以进行广泛而深刻的农业合作。2015年12月14—15日，上海合作组织成员国政府首脑理事会第十四次会议结束时通过的《联合公报》指出，上合组织各国应采取共同措施，保障社会经济可持续发展，加强经贸和投资活动，会议各方也一直表示希望加强成员国在农业领域的合作。而且中蒙两国同处在"新丝绸之路经济带""跨欧亚大铁路""草原之路"三大发展经济带之上，得益于中方"一带一路"倡议的实施，未来的农业合作将借助中蒙俄经济走廊的建设进一步加强。2016年6月23日，中蒙签署了《建设中蒙俄经济走廊规划纲要》，标志着中蒙政治互信走上新的台阶，各方面的合作也必将有益于中蒙农业合作的发展。2010年开始，联合国国际粮农组织与中国开展"南南合作"项目，蒙古国是中国的主要援助对象。截止至2016年，中国已经开展了2期对蒙援助项目，完成了两国专家互访、对蒙农业技术人员培训等相关的援助工作。蒙方近755名生产人员、贸易人员和专家接受了中方提供的技术培训，访问了中国的农业研究机构、农场和农业企业，合作获得了成功。这些活动对双方政治和民间互信起到了积极作用。

（2）与中国内蒙古自治区地缘环境相近

蒙古国毗邻内蒙古自治区，在民族、语言、文化、习俗上和内蒙古自治区的蒙古族有着很大的相似性。蒙古国草场资源丰富，是以草原畜牧业为主的农业国家，而内蒙古自治区是中国最大的天然草原区域，与蒙古国在草原资源的利用方面有极大的相似性和关联性。内蒙古的草原畜牧业近年来发展迅速，与蒙古国在草原畜牧业方面的政府和学术层面的交流合作开展较早，并且较为广泛，为未来中国和蒙古国进一步的农业合作交流奠定了基础。

（3）农产品贸易的发展稳定

对外贸易是蒙古国经济快速增长的主要驱动力，中国在蒙古国的对外贸易中占主导地位。随着蒙古国发展本国农业的意识加强，在中国"一带一路"倡议与亚投行项目的支持下，中蒙两国在农产品贸易方面的合作向纵深化发展，两国农产品相关贸易已经从最初的农产品成品贸易拓展到与农业相关的机械、肥料、技术、服务等方面的贸易沟通与往来。而且大量中国出口俄罗斯及欧洲的农产品需经蒙古国中转，而蒙古国的出口产品也在中国转口，中蒙在转口农产品贸易积累的经验为未来两国农产品的世界贸易创造了有利条件。

（4）两国农业发展具有互补性

中国是传统的农业大国，以粮食生产为主，近年来随着中国粮食种植与加工技术的增强，中国的农产品开始一步步地打开世界市场，销往国外。蒙古国农业以草原畜牧业为主，主要农产品为肉类、鲜奶、奶制品，蒙古国肉奶产品得益于天然无污染的环境，未来出口中国的潜力巨大。由于耕地面积有限，蒙古国的水果和蔬菜等农产品等还主要依赖进口。中国的外销农产品有效填补了蒙古国的农产品生产不足，如中国生产的马铃薯、面粉、大米、蔬菜等农产品物美价廉，多年来一直销往蒙古国，占据一定市场份额。因此，两国在农业发展的互补性为两国未来农业合作创造了条件。

2. 合作前景

中国周边外交方针是"与邻为善、以邻为伴"，周边外交政策是"睦邻、安邻、富邻"，发挥双方的合作优势，克服合作的制约因素，中国和蒙古国间的合作伙伴关系可向更加稳固，双方的科技合作也将在更广、更深的层次上展开。

新时期，双方在以下五方面具有广阔的合作前景。一是研究中蒙双方建立应对跨境动物疫病有效合作机制，制定科技合作计划，快速通报边境地区发生的动物传染病疫情，减少疫病传播。二是双方在中国生态文明建设、蒙古国绿色发展政策框架下扩大双边合作。在巩固治理荒漠化、水资源利用和保护、应对气候变化、抗击自然灾害和森林草原火灾等领域进行技术合作。三是中国对蒙古国在农业肥料使用、农垦地土壤利用、豆类经济作物种植等方面给予技术支持。四是双方研究种植适合蒙古国土壤和气候条件的农作物品种。五是双方研究蒙古国原始物种的保护和利用。

（三）合作重点

1. 畜牧科技领域

畜牧业是蒙古国传统的经济部门，也是蒙古国民经济的基础。蒙古国拥有广阔的草原和丰富的畜品种资源，相对于种植业，更适合发展畜牧业。而随着中国经济的发展、居民消费结构的改善，中国市场对肉产品的需求量将不断增长。因此，将蒙古国发展畜牧业的比较优势与中国消费市场的需求结合，不仅可以促进蒙古国畜牧业与经济的发展，也可以满足中国国内消费者的需求。但目前蒙古国畜牧业的经营方式以粗放型游牧经营为主，经营管理方式与方法相对落后，生产力水平较低，且个体经营的牧户生产规模较小，生产组织程度低，从而导致上游生产与下游消费脱钩，产品质量也无法得到保障。因此，中方可根据蒙古国国内的实际情况，将国内先进的养殖技术、畜产品质量检测技术、畜产品质量追溯技术、畜牧生产模式以及优质的畜品种资源引入到内蒙，促进蒙古国畜牧业向规模化、集约化和绿色化方向发展；完善财政政策、金融政策等政策，鼓励国内企业进入蒙古国，在蒙古国从事养殖业、畜产品加工业以及相关的技术服务工作，将企业自身所具有的先进技术与理念与蒙古国发展畜牧业的比较优势充分结合，在促进自身发展的同时，带动蒙古国畜牧业以及相关技术的发展。

2. 饲料以及饲草产业

中蒙双方在饲料以及饲草产业存在着广泛的合作前景。

畜牧业的发展离不开饲料以及饲草产业的发展。蒙古国草原资源丰富，但受季节限制，且豆粕、玉米等饲料资源缺乏，并且饲料加工技术也比较落后，而中方研究所和企业拥有较为先进的饲料加工与储存技术和设备。因此，中蒙双方在饲料加工及饲料产业存在着广泛的合作前景。中方应鼓励国内饲料生产企业进入蒙古国，销售甚至在当地生产饲料，推广豆粕、玉米以及精饲料等饲料品种，并根据实际情况为当地养殖户提供饲养技术培训工作；根据蒙古国自然条件，选择性地将国内的优良饲草品种引入蒙古国；鼓励科研院所加强与蒙古国科研机构的合作，开发适合蒙古国生长条件的牧草品种以及配套牧草加工与储存技术和设备。

3. 种植业与蔬菜产业

蒙古国种植业以种植麦类与薯类为主，目前国内生产已经基本可以满足国内需求。但其生产方式仍以粗放型生产经营方式为主，农作物生产能力较为低下，如遇到恶劣天气，遭受自然灾害，粮食自给会出现困难。中国自古是农业大国，与蒙古国相比，中国在农药与化肥生产技术、农田水利建设、节水灌溉技术、农作物播种技术、田间管理技术、农作物收获与储存技术、农产品加工与储存技术等方面存在着优势，在农业经营理念、农业经营模式等方面也存在优势。而为了进一步促进本国农业的发展，提高粮食自给率，蒙古国则亟需引进并发展包括上述六方面在内的农业科学技术以及先进农业经营理念。因此，中蒙双方可通过双方企业间、科研院所间的合作，将这些先进技术以及经营理念输送给蒙古国，在这些领域开展科技合作。

4. 农业机械设备研发制造

现代农业的发展离不开农业机械与设备的发展，而农业与机械设备的发展则离不开整个工业的发展。改革开放之后，中国通过引进消化再创新的方式促进了农业机械与设备制造业的发展，涌向了中国一拖、时风汽车、福田雷沃等一批先进的农业机械与设备制造企业，在农业机械设备研发制造方面积累了丰富的经验与科研实。此外，在农田灌溉机械与设备的研发制造、播种机械设备的生产制造、农作物收获与储存机械与设备的研发制造、农产品加工与储存设备的研发制造等方面存在着优势。中蒙双方入加深在农业机械与设备制造技术方面的合作，在推动蒙古国农业发展的同时，也将带动其机械制造业的发展。

中国一向提倡鼓励农机企业走出去，开拓国外农业农村的广大市场。中国农机企业可以在以下两方面与蒙古国进行合作：一是引导企业研究蒙古国市场需求，研制开发适应当地种植业生产需求的农业装备、节水灌溉设施及畜牧业规范化养殖机械；二是采用减免关税等政策，支持中国具有优势的国产农机产品出口蒙古国，通过合理价格、优良性能、可靠质量、良好服务，占领市场，创出品牌；三是为农机产品及技术在蒙古国的示范推广、零配件供应、维修服务等创造有利条件，特别是大中型拖拉机、免耕播种机、深松机械、小麦联合收割机等机械。

有条件的企业或农机合作组织可到蒙古国租地，进行承包经营。蒙古国粮食短缺，内需较大，同时到国外租地种粮，对确保中国粮食安全也有积极意义。蒙古国拥有丰富的土地资源和天然草场，而蒙古国人属游牧民族，缺乏种植技能，大部分土地闲置，当地政府对农业开发政策十分优惠，承包土地费用比较低廉。有条件的企业在租地种植农作物之外，还可从事畜牧业、农产品加工及贮运等其他产业。农机合作组织到国外租地作业，可拓宽农机合作组织的经营领域，提高农机具利用率，提高经营效益。同时也是实现农村劳动力有效转移，促进农机手劳动致富的新途经。

5. 种质资源开发利用

种子是植物的繁殖体系，对延续物种起着重要作用。种质资源是开展育种工作的基础。

优良的种子对实现农作物的高产、优质起着至关重要的作用。自1996年开始实施种子工程以来，中国建立起了完善的种子产业体系以及科学的产业管理制度，实现了种子生产的专业化、经营的集团化、管理的规范化、育繁推销一体化、大田用种商品化，并明显提高了中国主要农作物良种供应能力和种子产业综合实力。而完善的种子体系的建成则显著提高了中国种质资源的改良创新能力、种子生产加工能力、优良种子的推广能力、种子质量的检测能力，并进一步推动中国农业的发展。中蒙双方在育种以及种质资源开发方面的科技合作对实现中国农业走出去、完善蒙古国国内种子产业体系有着至关重要的意义。

五、中蒙农业合作建议

（一）加深政治合作，开展广泛的双边和多边合作

在良好的政治关系下，中蒙两国的农业合作得到了顺利发展，为更为广泛的国际组织和区域合作组织支持下以及新形势下中蒙双方的农业转型和农业合作奠定了基础。因此，未来两国可以在此基础上结合地区发展特色将合作升级，开展更为广泛的涉及农产品研发、农产品基因工程、农产品贸易、饲草饲料、良种选育、农机贸易、环境保护、农业法律等方面的双边和国际多边合作。

（二）加快产业转型，适应新的经济形势

近年来的世界性经济衰退对于中蒙两国来说既是挑战又是机遇，中蒙在互信、互联、互通的基础上加快各自的产业转型，打通农业产业链的上下游以及国际物联网的长期障碍，必将能够共同适应和应对新经济形势的挑战。

（三）发挥内蒙古自治区的优势地位，加深对蒙交流

内蒙古自治区是一带一路上对蒙合作的桥头堡，因此，可以进一步发挥内蒙古自治区在语言、文化、民族方面的优势，通过更多的财政和政策的支持，提升内蒙古自治区各大企事业机关、高校、研究院所和蒙古国农业直接的合作关系，为未来进一步的农业合作提供支持。

（四）共同建立灾害和牲畜疫病预警与应急机制

影响中蒙两国农牧民生计的最大威胁是自然灾害和牲畜疫病，一些国际组织和机构已经在这方面与蒙古国建立了长期的合作关系。中国在灾害共同预警和牲畜联合疫病防治工作方

面同蒙方开展的工作还起步较晚，未来应该加大在此方面的投入，造福中蒙两国农牧民，为进一步农业合作创造条件。

（五）加大对蒙古国农业基础设施的投入和技术培训

从地理位置、气候条件、自然资源、农业技术资源等方面来看，中蒙双方存在许多互补之处。蒙古国是欠发达地区，发展经济的愿望很强烈，但缺乏先进的农业技术与管理经验理念，而中国则是距离近、农产品需求大、农业生产技术与经营理念较为先进的国家。而双边科技部门、大学、科研院所以及企业也普遍希望加强彼此科技交流活动与科技合作的深度和广度。两国间农业科技合作的实践，将有利于两国充分发挥本国的资源优势，促进双边农业和农产品市场的发展。因此针对蒙古国农业基础设施急需改善，农业知识普及不足，国家财政的吃紧造成农业投入不足等问题，中国应该抓住机遇，通过对蒙古国农业基础设施建设投入和专业人员培训的方式来促进合作，同时提升国家影响力，增进友好关系，拓宽民间交流。以农业设施、农业机械、农业专家、农业知识的"对蒙走出去"工作，快速提升双边合作效果。

参考文献

满达，宝音都仍，图雅日呼．2012．山羊绒生产及其产品贸易［J］．中国畜牧杂志，48（24）：11-14．
宝音都仍，哈达巴特尔，盖志毅．2014．蒙古牧户生产及生计分析［J］．世界农业，（1）：95-99．
刘豫杰．2016．新常态下促进中蒙俄经济走廊建设研究——探索内蒙古自治区沿边贸易合作开放机制创新［J］．前沿，（3）：38-44．
王明利，王济民．2002．我国畜牧业产业化发展战略和对策[J]．农业经济问题，（S1）：2-7．

俄罗斯

俄罗斯国土约占世界面积的 1/7，人口相对不足，且超过 80% 集中在欧洲地区，中部和东部人口密度每千平方米不足 1 人。俄罗斯拥有丰富的农业资源，农业占 GDP 的比重约为 4%，农业发展潜力大。中俄两国在农业生产要素方面存在很强的互补性，农产品生产也存在着相互贸易的可行性，农业科技领域各有所长、能够实现互补发展，在"一带一路"倡议背景下，中俄农业合作具有广阔的前景，有望取得新突破。

一、基本概况

（一）自然地理

俄罗斯全称俄罗斯联邦，位于欧亚大陆的北部，领土包括欧洲的东半部和亚洲的北部，是世界上国土最辽阔的国家。与 14 个国家接壤，即挪威、芬兰、爱沙尼亚、拉脱维亚、立陶宛、哈萨克斯坦、格鲁吉亚、阿塞拜疆、白俄罗斯、乌克兰、中国、蒙古、朝鲜。

俄罗斯地形以平原为主，平原、低地和丘陵占国土总面积 60%。其欧洲领土大部分为东欧平原和乌拉尔以东西西伯利亚平原，这是俄罗斯两大著名平原。东南缘是阿尔泰山脉。叶尼塞河与勒拿河之间的中西伯利亚高原、图尔盖高原、帕米尔高原是俄罗斯三大著名高原。俄罗斯境内自北向南为北极荒漠、冻土地带、草原地带、森林冻土地带、森林地带、森林草原地带和半荒漠地带。

俄罗斯幅员辽阔，气候复杂多样，但总的来说基本属于北半球温带和亚寒带的大陆性气候，依其大陆性程度的不同，以叶尼塞河为界分为两部分，西部属温和的大陆性气候，西伯利亚属强烈的大陆性气候。俄罗斯矿物资源十分丰富。铁矿、石油、天然气、铜、森林和水力资源等，均居世界前列。

（二）人口与劳动力

2017 年，俄罗斯总人口为 1.47 亿人，其中农村居住人口 3780 万人，占总人口的 25.7%。从人口的区域分布来看，俄罗斯人口主要集中在西部地区、东部和南部农业地区人口相对较少，分布极其不均衡。

俄罗斯人口老龄化严重，2016 年，俄罗斯 60 岁以上老龄人口为 2979.4 万人，约占总人口的 20.3%，退休人口[①]为 3598.6 万人，占总人口比重为 24.6%，相较于 2002 年增长了 4.1%。劳动力总人口在 2016 年达到 7663.6 万人，其中，雇佣劳动力为 7239.3 万人，失业

---

① 在俄罗斯，适龄劳动力为男性 16～59 岁，女性 16～54 岁。

率为5.5%，较上年下降0.1%（表1）

表1　2000—2015年俄罗斯劳动力条件

项　目	2000	2005	2010	2012	2013	2014	2015	2016
劳动力（万人）	7277.0	7358.1	7547.8	7567.6	7552.9	7542.8	7658.8	7663.6
雇佣劳动（万人）	6507.0	6833.9	6993.4	7154.5	7139.1	7153.9	7232.4	7239.3
失业率（%）	10.6	7.1	7.3	5.5	5.5	5.2	5.6	5.5

数据来源：俄罗斯联邦统计局

（三）政治制度

俄罗斯为民主联邦国家，实行总统共和制。总统是国家元首，由公民以不记名投票的方式选举产生。政府主席由下议院协商总统产生，元首和政府主席是国家最高权力执行机关。联邦议会是国家最高立法机关，联邦最高法院是最高司法机关，联邦总检察院是最高法律监督机关。

（四）经济状况

俄罗斯是世界上较发达国家之一。2015年，国内生产总值GDP为16161亿美元，人均GDP为11039美元，虽然俄罗斯GDP较高，但近两年GDP负增长明显（表2）。

表2　2000—2015年俄罗斯GDP概况

年　份	2000	2005	2010	2011	2012	2013	2014	2015
GDP（亿美元）	9516	12813	15249	15899	16459	16669	16787	16161
人均GDP（美元）	6491	8928	10675	11122	11493	11616	11491	11039
GDP增长率（%）	10.5	6.8	4.5	4.2	3.3	1.1	-1.1	-3.9

数据来源：俄罗斯联邦统计局

俄罗斯的国家主权信用较为稳定，在B级以上，达到投资级别。俄罗斯的人均收入超过12000美元，FDI净流入为528.8亿美元，这表明俄罗斯政府具有改善公共环境的能力，能够为投资者创造较好的内部环境。

二、俄罗斯农业发展现状

农业 GDP 占总 GDP 的比重约为 4%。2000 年以来,俄罗斯的农业生产总值呈现出增长趋势,2011 年达到 958 亿美元高峰后回落,2015 年降为 559 亿美元。

(一)农业资源条件

1. 土地条件

俄罗斯土地资源丰富。据联合国粮农组织统计,2016 年,俄罗斯农业用地面积为 2.18 亿公顷,占国土面积的 12.8%,其中,可耕种面积约为 1.23 亿公顷,草场和牧场面积为 0.93 亿公顷(图 1)。

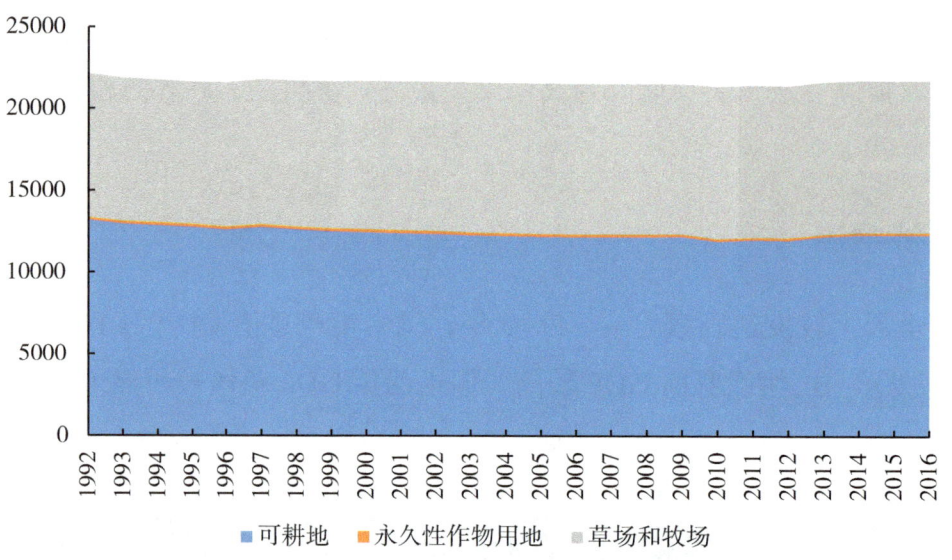

图 1　1992—2016 年俄罗斯农业用地分布情况

数据来源:联合国粮农组织

俄罗斯种植业主要分布在欧洲平原部分、乌拉尔南部以及西伯利亚南部边缘的平原地区,畜牧业主要集中在海湾地区、高加索地区和西伯利亚地区,东部和中部农业开发利用率较低,仍有较大发展空间。欧洲部分的伏尔加河流域,是俄罗斯的黑土区,农业自然条件有利于作物生长,是俄罗斯的甜菜、谷物、畜牧业生产带。

2. 气候条件

俄罗斯跨北寒带、亚寒带、北温带、亚热带四种气候带,大部分地区处于北温带,气候主要为北温带大陆性气候。

冬季严寒，1月平均气温为 –37～1℃，夏季凉爽，7月平均温度为 11～27℃。

3. 水资源条件

俄罗斯不同地区年降水量差别大，呈现东多西少的分布特点，东部沿海地区年降水量约为1000毫米，西部农业地区和中部干旱，年降水量仅为150毫米。

但俄罗斯境内河流湖泊众多，有河流250万条，湖泊300万个，为农业灌溉和其他农业用水提供了便利条件。同时俄罗斯海洋资源丰富，东临太平洋，北临北冰洋，西接波罗的海芬兰湾，海岸线全长37653千米，具有发展远洋渔业和近海捕捞渔业得天独厚的条件，但俄罗斯当前渔业和水产品产值较低，与丰富的海洋资源不成比例，渔业发展潜力较大。

（二）农业生产情况

1. 种植业

谷物在种植业中占据绝对主导地位。从面积和产量两个方面看，谷物都是俄罗斯第一大类种植作物。

2014年，俄罗斯谷物产量为9038万吨，油料为529万吨，蔬菜水果分别为1549万吨和337万吨，其中谷物约占农业总产量的57.8%。同年，俄罗斯谷物收获面积为4034万公顷，第二大类种植作物油料的收获面积为973万公顷，油料面积仅为谷物面积的24.1%，其次依次是块茎类、蔬菜和水果，种植面积分别为209万公顷、79万公顷和45万公顷（图2）。

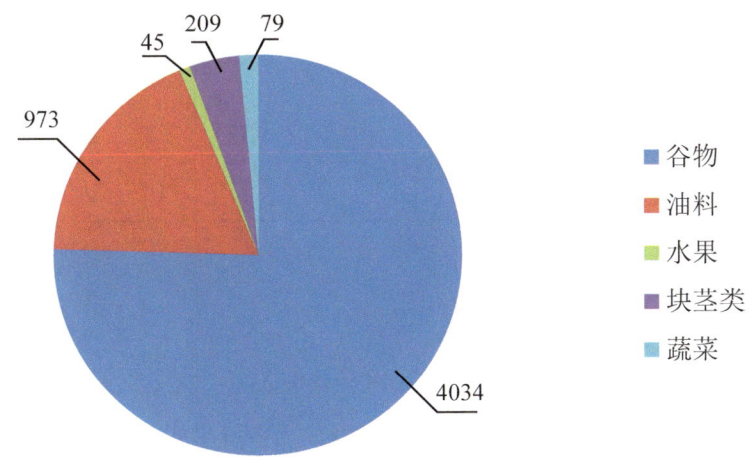

图2　2014年俄罗斯主要农产品的收获面积（万公顷）

数据来源：联合国粮农组织

谷物和小麦产量的波动加剧。2000年以来，俄罗斯谷物产量出现多次波动，2000—2002年迅速增长，2003—2004年快速下降，2005—2008年持续增加，2008年达到10642万吨，随后两年又出现下降，2010降至5962万吨，2011年增加到9179万吨，2012年又降至6876万吨，2015年产量为10050万吨。

小麦是俄罗斯最为主要的谷物产品，占比超过55%，其产量波动是导致俄罗斯谷物产量剧烈波动的主因。2000年小麦产量为3446万吨，随后两年以年均21.2%的速度增长，2002年达5061万吨，随后下降至2003年3410万吨，2004到2008年连续增长，2008年达到创纪录的6377万吨，随后两年产量下降35%左右，2010降至4151万吨，2011年增加到5624万吨，2012年又减少至3772万吨，2015年达到6181万吨（表3）。

表3 2000—2015年俄罗斯主要农产品的产量 （单位：万吨）

项目	2000年	2001年	2002年	2003年	2004年	2005年	2006年	2007年	2008年	2009年	2010年	2011年	2012年	2013年	2014年	2015年
小麦	3446	4698	5061	3410	4541	4770	4493	4937	6377	6174	4151	5624	3772	5209	5971	6181
大麦	1408	1953	1874	1800	1718	1579	1804	1556	2315	1788	835	1694	1395	1539	2044	1750
玉米	153	85	156	212	352	321	351	380	668	396	308	696	821	1163	1133	1320
燕麦	601	773	569	518	495	456	486	538	583	540	322	533	403	493	527	450
黑麦	544	663	713	415	287	363	296	391	451	433	164	297	213	336	328	212
葵花籽	391	269	368	487	480	644	674	567	735	645	534	970	799	1053	848	934
大豆	34	35	42	39	56	69	80	65	75	94	122	176	181	164	167	163
油菜籽	15	11	11	19	28	30	52	63	75	67	67	106	104	139	134	127
甜菜	1405	1456	1566	1938	2185	2142	3067	2884	2900	2489	2226	4764	4506	3932	3876	3471
马铃薯	3398	3497	3287	3675	3591	3728	3857	3678	2885	3113	2114	3268	2953	3020	3150	3896
苹果	183	164	195	170	203	179	163	234	112	144	99	120	140	157	162	159
卷心菜	349	386	365	444	407	405	407	266	317	331	273	353	331	333	349	352
番茄	169	195	198	202	202	230	241	179	194	217	205	240	262	264	282	277

数据来源：联合国粮农组织、俄罗斯联邦统计局

注：卷心菜包括卷心菜及其他十字花科蔬菜

油料作物收获面积、产量均增长明显。2000—2013年，俄罗斯油料产量由176万吨增长到529万吨，年均增长8.84%；收获面积从510万公顷增加到973万公顷，年均增长5.1%。分品种来看，俄罗斯油料作物主要以葵花籽、大豆和油菜籽为主，2000年以来各种油料作物产量均明显增加。2015年，葵花籽、大豆、油菜籽的产量分别为934万吨、163万

吨、127万吨，2000—2015年的年均增长率分别达到7.89%、12.71%、18.69%。大豆和油菜籽产量占油料作物的比重虽不高，但增长十分迅速。

水果产量波动明显，收获面积明显下降。十多年来，俄罗斯水果产量基本在240万～440万吨左右，2003年最高为436万吨，2010年最低仅为246万吨，2015年为338万吨。同期水果收获面积则出现明显下降，由82万公顷下降到45万公顷，减少45.77%。从品种来看，2015年苹果是产量最高、收获面积最大的水果品种，分别为159万吨和19万公顷。

蔬菜收获面积波动下降，但产量稳步增加。2000—2015年，俄罗斯蔬菜收获面积由87万公顷降至79万公顷，下降了9.1%，但是随着金砖国家农业合作的加强，设施蔬菜不断发展、蔬菜种植技术有所提高，蔬菜产量反而出现明显增长，由1245万吨增加到1778万吨，年均增长1.8%。从品种类型来看，2015年产量最高的蔬菜品种为卷心菜及其他十字花科蔬菜，为352万吨，占到蔬菜总产量的21.5%；西红柿产量也较高，2015年为277万吨。

2. 畜牧业

奶业是畜牧业中最重要的部门。俄罗斯是畜牧业大国，畜牧业占其农业生产总值的一半以上。其中奶业一直是俄罗斯畜牧业中的重要部门，2007年以前其奶类产量占畜产品产量比重基本保持在80%以上，近年来尽管这一比重有所下滑，但2015年仍达到了72.7%。俄罗斯奶业总产量一直稳定3000万吨左右，2015年为2949万吨（表4）。

肉类在畜牧业中增长最快。与奶类波动中略降不同，近年来俄罗斯肉类和禽蛋产量均表现出明显的增长，其中肉类产量增长最快（表4）。2015年，俄罗斯肉类总产量为876万吨，是2000年的2倍左右，年均增长约5.2%。同期，禽蛋产量稳中略增，由2000年的190万吨增长到2015年的238万吨，增长22.2%。

表4　2000—2015年俄罗斯主要畜产品的产量变化　　　　　　　　　　　（单位：万吨）

项目	2000年	2001年	2002年	2003年	2004年	2005年	2006年	2007年	2008年	2009年	2010年	2011年	2012年	2013年	2014年	2015年
肉类	444	445	470	495	499	491	524	576	627	672	717	752	809	854	905	876
牛肉	189	187	196	199	195	179	170	169	177	174	173	163	164	163	165	165
羊肉	12	11	12	11	13	13	14	15	16	16	17	17	17	17	19	20
猪肉	157	150	158	171	164	152	164	187	204	217	233	243	256	282	295	306
鸡肉	75	86	94	103	115	135	158	187	200	231	256	290	330	346	367	367
禽蛋	190	197	203	204	201	207	212	214	214	221	227	231	237	232	231	238
奶类	3228	3290	3350	3337	3217	3115	3144	3218	3236	3257	3184	3164	3175	3052	3054	2949
合计	3862	3933	4024	4037	3917	3813	3879	4007	4076	4149	4128	4146	4221	4138	4191	4057

数据来源：联合国粮农组织，俄罗斯联邦统计局

各种肉类产量波动趋势存在差异。自 2009 年起鸡肉取代猪肉成为俄罗斯第一大肉类，与猪肉共同成为俄罗斯最主要的两大肉类，2015 年产量分别为 367 万吨和 306 万吨，占肉类总产量的比重分别为 41.9% 和 34.9%。与鸡肉和猪肉相比，羊肉的产量增长相对平稳，由 2000 年的 12 万吨增加至 2015 年的 20 万吨，仅增长了 8 万吨。与其他肉类不同，俄罗斯的牛肉产量在 2003 年达到历史峰值 199 万吨后波动下降，2015 年降至 165 万吨。

3. 水产业

水产养殖业平稳发展，产量稳中略增。俄罗斯拥有漫长的海岸线和丰富的水资源，有利于渔业和水产养殖的发展，黑海、里海沿岸以及位于远东的滨海边疆区是俄罗斯重要的水产养殖区，主要养殖产品有龙虾、鲜鱼、章鱼、鱿鱼、扇贝等。2000 年以来，俄罗斯水产品产量稳中略增，2015 年为 450 万吨，较 2000 年增加了 53 万吨（表 5）。

表 5　2000—2015 年俄罗斯水产品养殖及捕捞情况　　　　　　　　　　（单位：万吨）

项 目	2000 年	2005 年	2010 年	2011 年	2012 年	2013 年	2014 年	2015 年
水产养殖	397	331	419	438	448	450	442	450
淡水养殖	0	11	12	13	14	15	19	23
远洋捕捞	397	320	407	425	433	435	423	427

数据来源：根据俄罗斯联邦统计局、《渔业和水产养殖业统计（2012）》等数据整理所得

渔业以远洋捕捞为主。俄罗斯的渔业和水产业中捕捞量占了绝对比重。根据 FAO 统计，俄罗斯水产品产量中远洋捕捞量所占比重一直在 95% 左右，2015 年占 94.89%。虽然俄罗斯水产养殖增速明显，但产量仍处于较低水平，2015 年仅为 23 万吨。

（三）农产品贸易情况

农产品进口增加，增速呈放缓态势。俄罗斯是世界农产品进口大国，21 世纪以来进口额整体呈现增长趋势，由 2000 年的 72 亿美元增加到 2014 年的 405 亿美元，年均增长 13.1%。在进口额增长的同时，进口额增长率却剧烈波动，2001—2008 年的年增长率保持在 10%～30%，2009 年受金融危机影响进口额有所下降，2010 年以来年增长率虽有所恢复，但增速明显放缓，尤其 2012 年和 2014 年增幅大降，2014 年甚至出现负增长（图 3）。

图 3　2000—2014 年俄罗斯农产品进口额与变化趋势

数据来源：联合国粮农组织

农产品出口持续增长，未来仍有提升空间。2000 年之后，俄罗斯农产品出口总体上进入增长期，出口额由 2000 年的 11 亿美元增长到 2014 年的 191 亿美元，年均增长 22.8%。在增长率方面，受金融危机影响，2009 年及 2010 年俄罗斯出口额出现下滑，2010 年降至 58 亿美元，随后企稳增长，2011—2014 年年均增长率高达 34.6%，2014 年达到 191 亿美元（图 4）。俄罗斯农产品出口额处于较低水平，未来仍将保持增长趋势。

图 4　2000—2014 年俄罗斯农产品出口额与变化趋势

数据来源：联合国粮农组织

农产品贸易逆差明显扩大，谷物实现净出口。2000年以来俄罗斯贸易逆差明显扩大，2014年达到218亿美元，是2000年的3.57倍（图5）。在众多农产品中，谷物自2001年以来一直表现为净出口，且贸易顺差逐年扩大。2014年，俄罗斯谷物进口额和出口额分别为5.24亿美元、70.84亿美元，贸易顺差增至65.60亿美元。

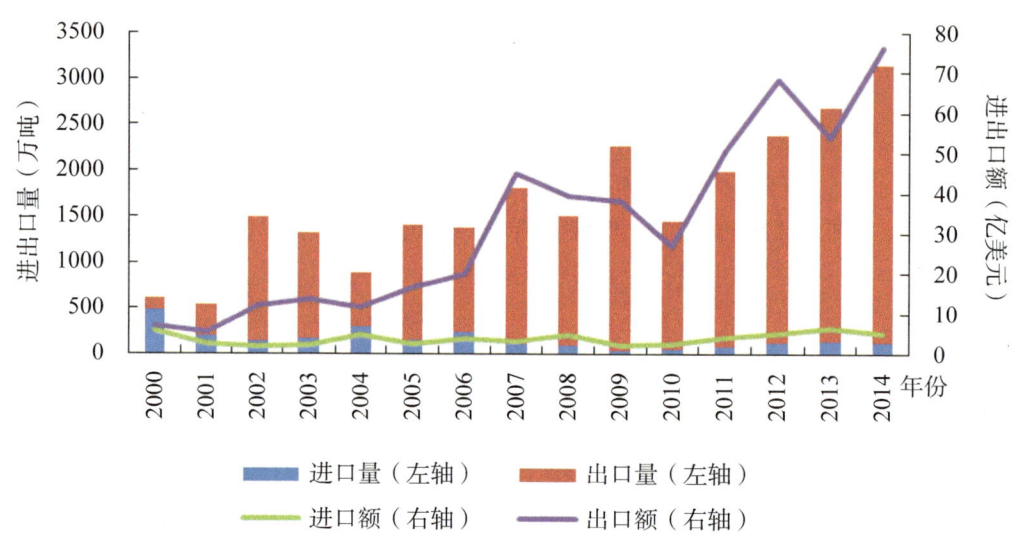

图5 2000—2014年俄罗斯农产品贸易情况

数据来源：联合国粮农组织

小麦和玉米出口连续增加。2000年以来，俄罗斯小麦出口不断增长，2000—2014年，俄罗斯小麦出口量由41.90万吨增至2213.93万吨，年均增长32.76%，出口额由20.4万美元涨至1.01亿美元，年均增长55.73%，014年出口量居世界第3位，出口额居世界第4位。玉米也由净进口国转变成净出口国，2000—2014年，玉米出口量由0.04万吨增至348.79万吨，年均增长92.63%，出口额由2.5万美元涨至7亿美元，年均增长107.81%，2014年出口量、出口额分别居世界第8位和第9位。

糖料进出口呈现双降趋势。俄罗斯是世界上主要的糖料进口国，其糖料进口量远远大于出口量，糖料进口量占进出口总量的比例一直保持在95%左右。2000年以来，俄罗斯的糖料进口和出口出现"双降"的趋势，进口量由2000年的484万吨降至2014年的150万吨，下降了69.0%，进口额由8.03亿美元降至5.03亿美元，下降了37.4%；出口量由2000年的17万吨降至2014年10万吨，下降了41.2%（图6）。

图 6　2000—2014 年俄罗斯糖料进出口情况

数据来源：联合国粮农组织

果蔬进口稳定增加。由于受气候条件限制，俄罗斯果蔬生产十分有限，需要进口大量果蔬。2000—2012 年，俄罗斯水果进口量由 20 万吨增至 36 万吨，年均增长 4.0%，蔬菜进口量维持在 36 万吨．就出口量来说，水果出口量由 1 万吨增至 2 万吨，蔬菜出口量基本维持在 1 万吨水平。从进出口额来看，2000—2012 年，俄罗斯果蔬进出口额由 12.79 亿美元增长到 109.08 亿美元，增长了 752.6%，年均增长 19.6%。

肉类进口量维持较高水平。受饮食习惯影响，俄罗斯肉类需求量大，是世界上重要的肉类进口国。俄罗斯肉类进口量占进出口总量的比例一直维持在 99% 左右，2000—2014 年，俄罗斯肉类进口量由 124 万吨增至 202 万吨，增长了 63.3%，年均增长 3.6%；肉类进口额由 10.5 亿美元增长到 55.28 亿美元，增长了 4 倍多，年均增长 12.6%。

奶制品进口保持较快增长。俄罗斯奶类贸易以进口为主，奶制品进口量占其进出口总量的比例由 2005 年的 88.9% 增至 2014 年的 98.3%，提高了将近 10 个百分点。2005—2014 年，俄罗斯奶及其奶制品进口量由 240 万吨增至 447 万吨，增加了 86.1%，年均增长 7.1%；出口量由 30 万吨降至 8 万吨，减少了 74.3%，年均降幅为 14.0%。

（四）俄罗斯农业科技发展

1. 农业科研机构

俄罗斯有 310 个农业研究单位、528 个试验农场、63 个育种中心（作物 49 个、畜牧 14 个）、9.4 万名科研人员以及数十万头优良种畜资源，农业科学研究体系庞大。俄罗斯每年有 250～300 个作物、畜牧新品种进行区域性试验，在粮食新品种培育的杂交技术方面处于世界领先水平，平均每2～3年就会培育出一批农业作物新品种。同时俄罗斯的施肥、灌溉技术，病虫害防治、动物疫苗、农业机械等方面处于技术领先地位。

2. 农业科技发展状况

为促进农村地区长期稳定发展，俄罗斯推出《2030年前俄联邦农村地区稳定发展战略》，提出改善农村地区人口状况、为农村经济多元化发展创造条件、提高农村居民生活质量、改善农村居民对发展资源的获取权、合理利用自然资源、改善农村生态环境等战略优先方向。该战略注重"因地施策"，探索农村经济多元化发展路径，强调农业进口替代与出口导向并举，倡导积极利用信息技术促发展。俄罗斯相关农业科技发展主要集中在如下领域。

（1）作物遗传育种方面

俄罗斯采取相关措施对国内动植物育种产业进行资助，以弥补良种收购和种养成本，促进动植物良种的选育和推广工作。从2015年开始，为促进育种产业的发展，俄罗斯政府为繁育中心资助20%的建设成本，截至目前，已资助10个良种繁育中心和4个基因育种中心。预计到2020年，建设和升级100个同样规模的育种中心，形成全国农作物和家畜繁殖种子基因库。其科技发展优势领域主要集中于：扩大植物和有害生物种质资源；选择和改变植物、有害生物和有害生物种质；提高作物生产率、改善作物品种和降低成本的措施研究；研究作物高产、稳产所需条件和有害生物综合治理方法；"马铃薯和马铃薯食品共和国规则"；挖掘和利用野生资源。

（2）土壤保护方面

相关科技力量主要集中于研究与提高土壤肥力直接有关的现代土壤学和农艺化学问题；对土壤的形成过程、地理学、物理学和土壤改良、被工业破坏土地的重新耕作、防侵蚀和合理使用肥料等方面的工作进行系统研究。

2016年俄罗斯拨款109亿卢布用于农业用地的土壤改良，用于补贴农产品生产者实施农业用地土壤改良计划的支出超过23.8亿卢布；用于土壤改良机构实施抗洪措施的支出为9.553亿卢布；用于土壤改良机械的更新换代的支出约6亿卢布。在农业灌溉和排水等水利土壤改良系统和设施的建设和改造方面，俄罗斯有针对性地拨款70亿卢布。

（3）植物保护方面

主要集中于提高农药和除草剂的使用技术、减少农药残留等方面的研究；研究不同病虫害的分布、发生规律，建立病虫害发生地带分布图；研究作物田间管理技术和病虫害发生的关系；研究作物营养状况、水分和养分管理水平以及耕作措施对病虫害发生的影响；研究杂草的生物学和生态学特点，采用合理轮作，以控制杂草危害。

（4）生物技术方面

在本着优先发展的方向框架中解决当代基础应用生物学的最重要的问题，以及与生物学密切相关的医学科学、卫生保健和学业综合体等方面的问题。主要任务之一是在遗传工程和细胞方法以及工程酶学方法基础上，创造出能够预防、诊断和治疗疾病（心血管病、恶性疾病、遗传病和包括病毒性传染病）的新的高效生物活性物质，新的诊断方法和药物制剂。

近年来，随着各国克隆技术的发展，俄罗斯利用基因技术，改造动植物生长激素、加强动植物生长、改良动植物品种。在莫斯科郊区的实验农场，已经繁殖了5代转基因猪。

（5）畜牧业研究方面

俄罗斯全国的农业科学院畜牧研究部门的科学家们在21世纪的第一个五年计划中按两个主要方向进行了工作。一是完善遗传育种的方法并在此基础上建立具有世界水平的良种繁育体系，包括利用基因工程的方法，对动物的基因进行很好的改良。二是与上述研究方向相联系，完成任务有高效遗传潜力的研究方法，通过有针对性及合理流动的饲养方法和学习现代的生产工艺、产品深加工的途径来实现。最大的成就是在俄罗斯全国的农业动物与繁育研究所的科学工作者培育出的新的黑花奶牛"列宁格勒"，具有年产奶量为0.9万～1.0万千克/头高产遗传潜力。

（6）农业机械化方面

农业科研单位的机械化、电气化、自动化部门的基本科学方向是创建了新一代的动力工程技术，形成了有效的农工业综合体技术的分支机构。这个是在4个工作任务和阶段的框架内完成的，包括：系统的调查研究农业和工程技术环境；新一代机械技术的研究；农业的动力学工程学保障；发展技术服务。

（7）农业物联网方面

由俄联邦邮电部、农业部、交通部和物联网协会联合组成的专家委员会，发布"路线图"文件草案并筹备相关发展基金，预计到2019年，俄联邦农业物联网使用率将达到30%。农业物联网技术通过将传感器安装在田间或固定的机器上，对农业生产的相关指标（如气候条件、土壤条件和湿度等）和数据进行收集；通过汇总和分析，实时跟踪农业生产过程中各项指标的变化；农民通过信息系统中的指标分析结果，再对生产进行调整优化，提高水肥利用效率，降低生产成本，从而提高生产效率。

为促进农业物联网在农业工作中的推广，政府将减少企业在农业物联网技术方面的税率；分配无线电频率分配给农业用的无人驾驶飞机；建立农业空间监测系统，为各项气象数据的监测和作物预测提供方便；制定相关教育方案，培育农业物联网人才。此外，农业物联网计划的实施还需要建立共同的数据交换标准，将不同农场的信息统一到相同的信息平台，为后期的大数据分析提供便利。

此外，俄罗斯农业部与其他专家团队共同参与完成了《俄罗斯农工综合体至2030年科技发展预测》，本预测主要采用定性的方法，旨在为农业领域的战略方向提供决策支持，为调整农业科技的优先发展方向提供建议和参考。

本预测进一步明确了俄罗斯总统令中颁布的关于促进农业科技发展的相关政策内容，提出与遗传育种、农业原料深加工有关的科学和技术将成为未来关注的重点，这将改变俄罗斯农业发展在生产和实施环节过度依赖国外科技的现状。

三、俄罗斯农业投资环境

俄罗斯拥有丰富的农业资源，是世界上仅有的四个拥有大量未开发土地的国家之一，同时在我国的"一带一路"背景下，俄罗斯拥有特殊的地缘优势。我国在农业生产中有资金、经验、技术和加工方面独特的优势，对俄进行农业投资合作具有重要的意义。

（一）农业投资环境分析

1. 政治环境

俄罗斯政府核心机构相对较为稳定，现任政府的办事效率排名为103，和发达国家有一定的差距，办事效率相对较为低下。俄罗斯现政府的廉洁排名为119，人类发展报告中政府廉洁得分仅为29分，相当于发展中国家水平（发达国家45分以上）。俄罗斯政府的持续稳定离不开民众对政府的信任，俄罗斯当前面临复杂的国际环境，经济举步维艰，但是超过六成的民众依然对政府十分信任。俄罗斯的犯罪率较低，每10万人当中仅有457人，社会治安相对较好。俄罗斯的人力发展指数为50，城市化率高于70%，这表明俄罗斯国内经济社会发展水平较高，人民生活质量较好，社会组织程度和管理水平较高，从另一方面说明了俄罗斯国内政局稳定。

从政府的工作效率和廉洁程度看，俄罗斯超过中等国家，但与发达国家却又有不小差距。就政治环境而言，俄罗斯政治稳定性也要差一些，尤其是克里米亚危机之后，欧美等国纷纷对俄贸易制裁，俄罗斯面临了更加复杂的国际环境。

2. 经济环境

综合经济增长、国际收支、外债偿还、经济体系、金融违约等多个方面而得到的国家主权信用评级能够反映一国政府作为债务人履行偿债责任的信用意愿与信用能力，因此经济环境指标也能够反映出俄罗斯是否值得投资，以及投资环境的好坏。俄罗斯的国家主权信用较为稳定，在 B 级以上，达到投资级别。俄罗斯的人均收入超过 12000 美元，FDI 净流入为 528.8 亿美元，表明俄罗斯政府当前具有一定的经济实力，具有改善公共环境的能力，能够为投资者创造较好的内部环境。但俄罗斯国内的便利化指标排名仅为 112 位，仍存在较大的改善空间。

3. 国际环境

在当前的发展过程中，任何国家不能独立于世界舞台之外，任何国家的发展都离不开与其他国家的合作，国际环境的好坏是国际投资的最直接的影响因素。2012 年 8 月 22 日，俄罗斯正式成为世界贸易组织的第 156 个成员，加入 WTO 后，俄罗斯迎来了自身经济发展和对外经贸合作的短暂增长，但 2014 年欧美等国纷纷对俄进行经济、贸易制裁，制裁主要包括投资、旅游、交通、贸易、劳工和关税，重点是对俄罗斯的经济利益"做出限制和禁令"，限制其食品和农产品等的进出口。

外资和对外贸易对俄罗斯经济有重要的意义。俄罗斯年贸易总量为 7829 亿美元，占 GDP 总量的 50% 左右，出口量占贸易总量的比超过 60%，国外资金净流入占 GDP 比例为 3.4%。复杂的国际政治经济环境却给贸易和投资带来了诸多不便，欧美等国的农业投资纷纷外撤，俄罗斯只好更多的把经济、贸易转向东方市场。

4. 劳动力市场

供给充足、流动自由、受教育程度较高的劳动力市场对大规模农业投资非常有利。这样的劳动力市场不但能够保证有足够的劳动力从事农业工作，而且这些教育程度较高的劳动力能够更快地适应新的生产条件，以确保管理水平的提高和投资者收益的增加。俄罗斯的成年人受教育的平均年限约为 12 年，25 岁以上人群至少受过中等教育的比例均在 90% 以上，可见俄罗斯劳动力受教育程度较高，对于通过农地投资转移来的新技术和新设备的接受能力较强，可以通过网络和学习尽快掌握先进的农业生产技术和农业机械使用，有利于较快提高农业劳动生产率，为农业投资提供了相对较好的软环境。同时俄罗斯国内农业劳动力占总劳动力的 70% 以上，就数量而言相对充足。不过俄罗斯农村人口逐年减少，当前农村人口仅占总人口的 26%，且人口老龄化严重，预计到 2020 年，人口老龄化会达到 25%～30%，而大部分劳动力偏向于选择工业和服务业工作。所以，未来俄罗斯农业劳动力数量将会有所降低，对俄罗斯农业发展和引进外资产生一定的不利。

5. 土地因素

俄罗斯的农业用地面积较大，农业土地开发潜力还很大。俄罗斯大部分未开垦的地区拥有肥沃的，并且目前的实际单产与潜在单产之间的比率约为 0.3，其单产可提升空间约为 70%。因此，俄罗斯的潜在土地资源，为农业投资提供了较好的条件。

6. 气候因素分析

俄罗斯湿冷的气候环境限制了西伯利亚地区和远东地区耕地的开发、作物的生长，给俄罗斯的农业发展带来一定负面影响，给俄罗斯引进农资发展带来了不便。

7. 基础设施分析

基础设施建设作为农业现代化发展的重要保障，也是外资进行农业投资的重要参考。近年来，在俄罗斯政府的大力支持下，俄罗斯的基础设施建设发展迅速，促进了其物流运输业的发展，提高了商品从生产到消费环节的流通效率。截至 2014 年年底，俄罗斯的公路总里程约为 139.4 万千米，铁路总里程为 8.6 万千米，内河航道 10.17 万千米；拥有海运商船超过 1400 艘，总吨位 1700 万吨；机场总数 232 个，其中国际机场 71 个；公路货运量为 56.35 亿吨，铁路货运量为 12.27 亿吨。但俄罗斯绝大多数公路质量不达标，铁路年久失修，内河航道淤积严重，需要俄罗斯政府解决处理。俄罗斯政府 2015 年向基础设施投资 70 亿卢布，2016 年投资 150 亿卢布，2017 年投资 200 亿卢布，用于解决因基础设施不足对经济发展制约的问题，旨在解决困扰农业发展的最基本问题。

俄罗斯存储设施和农业机械设备相对不足，存储设施落后导致农产品浪费严重。根据俄罗斯农业科学院统计，由于物流、仓储、运输体系发展滞后以及技术和设备不足等，每年损失 1500 万～2000 万吨谷物、100 万吨肉、700 万吨牛奶。俄罗斯农用机械总量约 88.54 万台，其中联合收割机 14.08 万台，拖拉机 24.73 万台，耕地机 16.57 万台，播种机 10.07 万台，挤奶机 2.63 万台，施肥喷洒类机械 3.19 万台。但就俄罗斯耕种面积来说，农业机械设备相对不足，平均每公顷仅为 0.0065 台机械设备。据俄罗斯社会科学院预计，仅为完成全部谷物收获，俄罗斯还需要约 36 万台拖拉机和 14 万台收割机。

（二）农业优势与潜力

俄罗斯农地、水资源和种质资源丰富。俄罗斯拥有世界上面积最大的黑土带，人均耕地面积 0.9 公顷，位列世界人均可耕地面积的前五位，超出世界平均水平 4 倍。但受气候和地理因素的限制，俄罗斯农业活动的范围仅占全国土地面积的 1/5 左右，而且大部分为牧场和草地。俄罗斯水资源总量达 4.3 亿立方米，位居世界第二位。俄罗斯农作物种质资源丰富，本土的植物群由超过 500 个的野生作物近缘种组成。但俄罗斯劳动力资源匮乏，农业人力资本面临短缺的局面。近年来，俄罗斯政府加大对农业的扶持力度，农业特别是谷物生产迅速恢复，呈现较快发展势头。虽然单产增长较快，但农作物单位面积产量整体水平仍然低于世界平均水平，有较大发展空间。

（三）风险分析

俄罗斯贸易秩序不规范。俄罗斯海关的低效率工作影响了中俄农产品贸易，主要体现在以下三个方面：① 俄罗斯货运海关验关检查等设备陈旧，中国排队等候放行的运输车队在边境各个口岸检验时间长，不利于鲜活农产品贸易；② 俄罗斯海关常把中国公司的机械设备及劳务人员的日用物资按进口商品征收税，且货运电子报关发展不完善，手续复杂，费时费力，加重了中国农业企业的负担，影响贸易积极性；③ 经济领域保护企业合法经营机制不完善，在俄罗斯的中国企业因担心事态多变，经营活动多为短暂行为，缺乏长期发展的考虑，缺乏进行长期合作的必要计划和步骤，严重影响对俄农业合作的开展。

关税壁垒阻碍中俄农产品贸易。俄罗斯对中国12%以上的农产品征收15%以上的高关税，存在显著的关税高峰现象。在农产品中，动物制品的加权平均税率超过了20%，部分动物制品的进口关税超过100%，蔬菜、水果等农产品的最高关税为36%，谷物的最高关税达100%，食糖的最高关税为68%，饮料、烟草等产品的最高关税达357%，渔产品的最高关税167%，高关税阻碍了两国贸易的发展。

两国农产品质量标准存在差异。中国食品安全事故频发，农兽药残留超标等严重影响中国食品农产品出口，招致俄罗斯对中国许多农产品的进口进行限制。最主要的原因是两国食品安全标准不统一。总体来说，国内食品安全标准数量少、指标粗，而俄罗斯注重食品质量安全，对于农产品质量指标有着较为严格的要求，认为中国有些指标缺少风险评估依据，标准之间存在交叉、重复甚至矛盾，所以导致俄罗斯对许多农产品进行进口限制。

俄罗斯投资环境欠佳。由于中俄两国缺乏统一的贸易和投资规划，对投资合作项目的实施也缺乏监管，中俄两国相互间农业投资合作的效率不高。2011年，时任俄罗斯总统梅德韦杰夫曾在公开场合表示，外国和本国投资者对俄罗斯都"缺乏信任"。总体来看，俄罗斯的政治环境不十分稳定、税收体系不完善、企业管理落后及官僚主义等因素，正是阻碍俄罗斯吸引外国投资的另一个重大障碍。因此，尽管俄罗斯土地资源丰富，劳动力价格和其他成本相对低廉，但中国农业市场大部分投资者仍对在俄罗斯投资持观望态度。

（四）总体评价

俄罗斯的政局稳定，国家信用等级较高，经济发展有较好的基础，和中国的政治高度互信，劳动力素质也较高，土地资源和水资源丰富，俄罗斯农业投资环境较好。但是俄罗斯农业GDP占比较低（农业不受重视），农业劳动力短缺，气候条件较差，基础设施遇到瓶颈期，这些因素也会对农业投资产生一定的影响。在当前全球化背景条件下，目前的海外投资主要有以合约的形式直接参与到农业生产，也有对农业中下游产业链的投资，但是当前俄罗斯农业附加值较低，农业生产投入水平较低，农产品物流运输水平也不高。中国农业投资者可以在农业投资土地生产的基础上将农业的中下游产业混合其中，结合起来。具体可以通过购买当地农业生产公司股份或者租种农业公司的土地的方式获得农业用地的使用权，从事农业的直接种植投资，同时应当鼓励中国有实力的食品加工企业走出去，与投资农业生产公司合作，相互结合，进行农业的中下游产业投资。

四、中俄农业合作现状与合作重点

（一）合作现状

农业合作协议。21世纪以来，中俄农业合作发生了质的变化，两国签署了一系列农业战略发展协议。2006年，第三届中俄投资促进会明确提出了中俄农业合作问题，并就中俄农业合作的战略重点、农产品贸易和农业投资等问题达成了共识，为之后的中俄农业合作奠定了良好的基础。2009年9月23日，中俄两国领导人正式批准了《中华人民共和国东北地区与俄罗斯远东及东西伯利亚地区合作规划纲要（2009—2018）》，这是中俄包括农业合作在内的第一个长期性质的区域合作规划。2010年，"金砖四国"第一次农业部长会议上，中国和俄罗斯官方承诺将加强彼此间的农业合作。2011年，哈尔滨国际经贸洽谈会上中方确定了俄罗斯远东地区为中国对俄罗斯农业投资的优先地区。2013年3月，习近平主席和俄罗斯总统普京在莫斯科共同签署了《中华人民共和国和俄罗斯联邦关于合作共赢、深化全面战略协作伙伴关系的联合声明》，其中把农业作为战略合作的重要一环。

农产品贸易增长迅速。就中俄农产品贸易总量来说，中俄两国农产品贸易量相对较低。2008—2015年，中国出口俄罗斯的农产品金额占中国出口农产品总额的比重平均只有3.07%，从俄罗斯进口农产品金额占中国进口农产品总额的比重平均只有2.89%。中国出口到俄罗斯的农产品主要是劳动密集型产品，而俄罗斯出口到中国的农产品主要是资源密集型农产品。2014年8月，俄罗斯宣布禁止从美国、欧洲、澳大利亚、加拿大以及挪威进口水果、蔬菜、肉类、鱼、牛奶和乳制品等农产品，这势必刺激俄罗斯对中国农产品的需求进一步增大，中俄农产品贸易迎来了新机遇，两国农产品贸易量将快速提升。

农业科技合作增多。目前中国的农业科研机构先后与俄罗斯科学院、俄罗斯科学院西伯利亚分院、远东分院以及农业科学院等科研单位建立了科研联系以及国际农业合作关系。中俄相互引进多项先进的农业科学技术以及推进农业科技人才交流：中国从俄罗斯引进抗寒小麦、大豆、玉米、马铃薯、沙棘、黄瓜、亚麻等种质资源500余份，多次聘请俄罗斯农业科学家来我国讲学和技术指导；而俄罗斯从中国引进先进的农业机械设备，农业生产管理经验，生物技术、转基因育种、栽培技术、防减产技术、农田灌溉等技术。两国农业科技合作已经成为农业合作的重要组成部分。

农业相互投资偏少。中国对俄罗斯的农业投资主要是土地开发、农产品深加工及仓储物流。当前中俄农业投资战略合作的方向主要是：① 农业资源开发和食品深加工。② 经济作物种植、畜禽养殖、有机肥料生产、环境保护等农业生物技术领域。③ 农业劳动力的跨国界流动、农业技术人员流动。④ 农田水利、农村道路等农业基础设施建设。目前，中国对俄罗斯的农业投资主要集中在远东地区和西伯利亚地区，截至 2013 年 12 月底，中国企业在俄罗斯租种土地已超过 60 万公顷，主要用于农作物种植。但鉴于当前俄罗斯形势，中俄两国的农业相互投资仍偏少。

（二）合作潜力

1. 合作基础

（1）中俄两国具有全面战略协作伙伴关系

2013 年，中俄两国签署了《中华人民共和国和俄罗斯联邦关于合作共赢、深化全面战略协作伙伴关系的联合声明》，"平等信任、互相支持、共同繁荣、世代友好"的全面战略协作伙伴关系体现了两国新时期的新型关系。近年来，随着两国政治关系的不断升温，中俄全面战略协作伙伴关系深入发展，政治关系优势也逐渐转化为多领域的务实合作。农业合作作为中俄合作的一个重要领域，在两国政府层面具有战略性和全局性意义，全面战略协作伙伴关系是促进农业合作的一个最主要基础。

（2）两国农业发展互补领域多

中国和俄罗斯两国互为最大邻国，地缘优势突出，交通条件便捷且运输成本低廉。开展中俄农业合作，可以充分利用两国资源的互补性（俄罗斯的土地资源、化肥等生产资料，中国的劳动力资源、农业机械等），缓解两国各自的资源短缺约束，优化资源配置效率，有效地促进两国农业经济优势互补，实现共同繁荣的最终目标。

（3）中俄地域相邻，农业合作便利

中国和俄罗斯同为东北亚重要成员，地域相邻，为农业合作提供了诸多便利。21 世纪以来，中俄两国经济快速发展，中俄两国进行了大规模的农业合作，农业生产要素在两国间的流动逐渐加多，开拓出了两国巨大潜力的农业市场，极大地促进了东北亚地区的经济发展。2011 年 12 月 17 日，俄罗斯已经正式加入世界贸易组织，近年来俄罗斯不断调整本国相关政策法规使之与国际接轨，这无疑加速了中俄的农业合作进程，也为东北亚地区农产品

贸易提供了一个更加广阔的市场。

（4）促进两国农业科技进步与交流

中俄两国的农业科技合作，主要包括农业信息化建设、农业高科技管理技术交流，以及农业应用科学研究领域的技术合作。中国与俄罗斯同是金砖国家，中国与俄罗斯的农业科技合作，促进两国农业科技合作研发与创新，推动中俄两国农业技术和农业设备的进出口，同时推动两国深层次的农业科技人才交流，为两国提供相应的农业科技服务，巩固中俄两国农业科技在世界体系中的劳动分工，使中俄两国在世界农业市场具有更多的话语权。

2. 合作前景

中俄两国已结成全面战略协作伙伴关系，同时把农业合作列入战略合作的重点内容。贸易方面，中国与俄罗斯农业之间存在着不少差异和障碍，两国农产品贸易在相当长的时期还会维持现有的缓慢增长态势，中国蔬菜和水果有可能成为主要贸易种类，但肉制品短时间内不会成为俄罗斯主要进口产品，俄罗斯将继续保持水产品对中国的高出口，同时在现有环境下肉制品和奶制品将会更多地出口到中国市场。农业投资方面，由于当前的国际政治环境，中国有望取代欧洲成为俄罗斯农业最大外来投资国。在农业科技方面，两国将会在现有基础上，在更多领域展开合作和人员交流，彼此引进、吸收对方先进的农业科学技术，促进两国农业互补性发展。

俄罗斯粮食安全进一步提升。在俄罗斯农产品生产波动不稳定的条件下，为增加居民食物消费的稳定性，以及减少对国外尤其是欧美进口农产品的依赖，俄罗斯在新的国际政治环境下未来一段时间会更加注重食物安全问题尤其是粮食安全问题。俄罗斯在《2008—2012俄罗斯农业发展和对原料、粮食市场调节规划》的基础上实施了《2013—2020农业发展联邦规划》，以希望通过资金支持农业发展，确保粮食安全。通过中国与俄罗斯的农业合作，俄罗斯的粮食安全体系必会更加稳定性，俄罗斯国家粮食安全不受制于其他国家。

中国对俄罗斯农业投资增加。在欧洲经济不景气以及世界复杂政治格局背景下，作为俄罗斯外资主要来源地的欧洲国家，对俄投资纷纷采取观望态度，尤其是投资周期长、风险大的农业领域。当前中俄关系进入历史最好时期，俄罗斯将会加强与中国的全面战略协作伙伴关系，把农业合作列为合作优先方向之一，中国资本有望成为俄罗斯农业外资的可靠来源，但鉴于俄罗斯复杂多变的政策和投资环境，短时间内中方对于俄罗斯农业投资的进展会很缓慢。而对于俄罗斯而言，国际农业投资在当前及以后短时间内无可避免地会大幅减少。

中俄农产品贸易种类增加。2013年，俄罗斯出口中国市场的农产品品种有109种，占所有农产品种类的14.3%；中国出口俄罗斯市场的农产品品种有264种，占所有农产品种类的34.6%。2002—2013年，中国出口至俄罗斯市场的农产品品种仅增加了38种，增长率为 16.8%。2002—2008 年，俄罗斯出口至中国市场的农产品品种数量 2009 年以来维持在 90 种左右，2013 年随着中俄合作伙伴关系的建立，俄对中农产品出口种类数增至 109 种。由此可以看出，尽管中国对俄农产品出口品种相对俄罗斯对中国农产品出口品种要多，但是中俄两国的农产品贸易种类增长非常缓慢，中国和俄罗斯农产品贸易额的增加主要源于已有农产品出口额的增加。然而，仅仅依靠出口额的增长，会加大农产品出口贸易的不稳定性，不利于中俄农产品贸易结构的优化，也不利于中俄农产品贸易的可持续发展，所以未来中俄农业合作应该重点增加贸易品种。

促进中国农产品质量提高。近年来，很多食品安全事件给中国农产品出口也造成了巨大的影响，农产品因为质量安全等问题被拒收的事件时有发生。同时中国多次收到来自俄联邦兽医和植物卫生监督局关于农药残留、超标，重金属超标和违反添加剂使用等的通报，农产品质量问题成为影响中俄农产品贸易的重大因素。2002 年俄罗斯农产品进口国家或地区中，排名前三的分别是欧盟、巴西以及美国，这些国家和地区对农产品质量都有较为严格的要求，符合俄罗斯的农产品进口标准。2013 年中国上升一位，超过美国，成为俄罗斯仅次于欧盟和巴西的第 3 大进口市场。在未来与俄罗斯的农业合作过程当中，通过农产品贸易势必会增加中国农产品质量，提高中国农产品在国际上的竞争力。

（三）农业合作重点领域

1. 农业资源领域

中俄农业资源存在互补性和合作可行性。俄罗斯拥有丰富的农业资源，但就目前而言，利用率不高。以农用地为例，俄罗斯目前实际农用地只占农业可用地总资源的一半，俄罗斯农业活动范围大约只占总领土的 12.9%，农业资源存在严重的浪费现象。在当前的国际大环境下，中国的农业投资对俄罗斯农业来说无疑是雪中送炭，同时中国有丰富的农业劳动力资源，劳动力农业生产、农业管理经验丰富。随着中国提出"一带一路"倡议，中俄农业资源领域合作产生了一种新型的"粮食返销"合作模式。俄罗斯低廉的土地租金，吸引了大量中国企业前往种植农作物，生产采用俄罗斯质量标准，农产品品质高，返销回国内大受欢迎。这种模式既帮助陷入萧条的俄罗斯农业找到了一条出路，也对中国的粮食缺口进行了有效补给。

2. 农业科技领域

中俄农业科技各有所长，存在合作交流基础。俄罗斯有 310 个农业研究单位、528 个试验农场、63 个育种中心（作物 49 个、畜牧 14 个）、9.4 万名科研人员以及数十万头优良种畜资源，农业科学研究体系庞大。俄罗斯每年有 250～300 个作物、畜牧新品种进行区域性试验，在粮食新品种培育的杂交技术方面处于世界领先水平。目前，中国有中央和地方农业科研机构1356个，国家级农业科研机构76个，省级农业科研机构514个，地市级农业科研机构791个，中国每2~3年就会培育出一批农业作物新品种，同时中国的施肥、灌溉技术、病虫害防治、动物疫苗、农业机械等方面取得了重大的进展，为我国带来了巨大的经济效益和社会效益。中国和俄罗斯两国农业科技各有所长，存在着巨大的互补性。中俄科研机构农业科技合作历史悠久，双方通过农业科技培训、技术引进、研究者相互交流等形式建立了良好的合作关系，在中俄战略合作伙伴关系的背景下，农业科技领域合作有望取得新的突破。

3. 农业基础建设

俄罗斯农业基础设施落后以及中国丰富的农业基础设施建设、管理经验为该领域合作提供基础。2014年10月，俄罗斯在北京签署备忘录，加入由中国主导的亚洲基础设施投资银行。对俄罗斯而言，加入亚洲基础设施投资银行具有十分重要的经济意义和政治意义，首先可以修复农业基础设施，减少农业资源和农产品的浪费；其次在中国提出"一带一路"构想中，获得农业基础设施的进一步发展，为俄罗斯农业发展提供支持。

（四）合作的重点产业

1. 建立粮食战略资源基地

基于俄罗斯远东地区、中国松辽流域和三江平原地处世界三大黑土带的优势，在中俄两国境内联合建立东北亚粮食战略资源基地。依托俄罗斯远东地区振兴计划，在俄罗斯远东地区采取俄罗斯租赁土地，中国出资金、出设备、出劳务的合作模式联合建立粮食战略资源基地。据估计，2020年中国将在俄罗斯远东地区租赁耕地4000万亩，2030年在整个俄罗斯租赁耕地6000万亩，建成粮食、大豆等农作物生产、储备、加工的基地。中俄粮食战略资源基地的建设既可以为中俄粮食安全提供保证，也可以为世界粮食安全做出更多贡献。

2. 建设农业综合开发示范园

充分利用中俄两国的地缘优势，联合建立高标准的农业生产基地，形成集"生产—加工—示范—服务"为一体的综合性示范园，创建两国现代农业合作展示窗口。借助俄罗斯政府鼓励外商直接投资其食品加工、农产品深加工等领域的新政策，以及中国政府鼓励农业"走出去"战略，两国中央政府、地方政府、大型企业应积极签订不同层面的农业综合开发示范园合作协议，重点扶持大豆、蔬菜、畜产品、水产品等农产品的精深加工项目，鼓励现有大规模企业逐步形成生产资料供给、农业生产、农产品加工、市场销售等产业链条完成的大农业模式，树立两国农业合作的典范。

3. 构建农业科技合作交流平台

依托各自农业科研优势，积极开展技术培训、技术引进和专家交流等活动，建立农业基础信息与科技交流平台，鼓励两国的科研单位和企业开展科技合作。一是，加强种养技术互补合作机制，促进粮食新品种培育和杂交技术、棚室蔬菜生产技术、农作物病虫害综合防治技术、畜禽集中饲养技术等交流与合作，提升两国农业科技水平和农业生产水平。二是，建立青年科技人员交流机制，开展强强联合和强弱互补性的合作，通过互派访问学者、博士后等方式培养一批了解中俄两国国情特色的农业科技高层次人才，为两国农业科技的长期合作奠定人才基础。

五、中俄农业合作

中国与俄罗斯农业合作平台应该以技术创新和技术进步作为驱动力，以农产品贸易与农业投资结构不断优化为过程，以经济增长、收入提高、粮食安全和农业可持续性发展为目标。中俄农业合作平台是一个动态的平台，既能反映两国农业生产、农业投资、农产品贸易等当期形势，又能引领其未来发展趋势。近年来中国和俄罗斯的农业合作不断增多，可以借助金砖国家（BRICS）、上海合作组织（SCO）等国际合作平台，构建集贸易平台、投资平台、服务平台、科技平台、信息交流平台为一体的综合农业合作平台，为中俄两国的农业合作提供动力。

（一）主要结论

中国和俄罗斯是世界上两个相邻大国，现阶段中俄农业合作滞后于中俄在其他方面的合作，主要原因有外资合作滞后、贸易秩序不规范、关税壁垒以及农产品质量差异等问题，制约了两国农业合作进步，同时因为农产品贸易种类少、质量标准不统一等因素增加了农业合作的不稳定性。但中俄两国在农业生产要素方面存在很强的互补性，农产品生产也存在着相互贸易的可行性，农业科技领域各有所长互补发展，中俄农业合作具有广阔的前景。一是中俄农产品贸易种类相对较少，未来发展的空间较大；二是受国际政治环境影响，中国农业投资和技术在俄罗斯农业中所占的比例会越来越高；三是中国农业劳动力丰富，俄罗斯农业生产资源丰富，两国相邻，农业合作可行性大。因此中国与俄罗斯在农业合作方面可以梯度推进开展农业深度合作，以科技支撑两国农业共同发展，同时使用优惠政策促进农业相互投资。具体如下。

1. 梯度推进开展农业深度合作

在全球经济一体化的大背景下，中俄农业合作是一个发展过程，两国政府应从国家长远利益出发，制定明确的农业合作战略，促进合作的整体协调推进。一方面，加强农业合作的统筹规划，借助两国政府首脑定期会晤机制，建立有效的政府间合作交流机制，制定农业合作总体计划，确定农业生产发展、农产品加工、农产品贸易等领域的重点合作方向。另一方面，鼓励农业合作的梯度推进，实现由"相邻地区优先发展"向"内陆腹地全面发展"的战略转变，借助中俄相邻地区（远东地区、西伯利亚地区）的合作经验，扩大合作规模，提高合作层次。

2. 科技支撑两国农业共同发展

农业科技合作是中俄未来增加农业产出和农产品贸易量的重要途径，两国政府应以农业科技合作为突破口，开展多种形式、多种渠道的农业科技合作，推进两国农业的共同发展。一是加强中俄两国科研机构的合作，深入开展农业高层次技术人才交流，全面提升两国的整体农业科技水平，为中俄农业科技合作的长远发展奠定基础。二是基于两国各自的农业科技优势，加快相互先进成果的引进和转化，拓展优势技术的输出范围，推进农业技术进步和创新，提高资源利用和农业生产效率，推动中俄农业现代化建设的步伐。

3. 优惠政策促进农业相互投资

随着农业生产资料在国际间的直接和间接流动，国与国之间的经济交往模式逐渐由"贸易领域"转向"投资领域"，贸易投资相互促进自然也成为中俄两国未来农业合作的主要方向。两国政府应多方面调整农业投资合作的相关政策，优化农业合作的贸易投资环境，积极推进农业的相互投资。一是加强农业生产领域的相互投资，构建大型农业生产资料企业"走出去"或"请进来"的政策支持体系，加快两国农产品战略资源基地建设，提升两国农产品的国际竞争力，增加在世界市场的份额。二是加强流通领域的农业投资，加强中俄两国农业和食品工业合作，推动农产品物流业发展，促进两国农业向精深加工、产业链条完整的国际化大农业转变。

（二）政策建议

中国和俄罗斯应采取因地制宜、政府促进、科技互补、贸易投资双促进的思路来进行农业合作。在农业生产方面，要充分利用地缘优势，结合俄罗斯农业资源优势和中国劳动力、资金优势，加快建设高水平农产品生产基地、扩大农业开发，并鼓励有实力的大型企业集团"走出去"，同时两国应重点扶持在俄罗斯的农业综合开发示范园区项目；在农产品贸易方面，要建立完善农产品贸易信息平台和贸易政策，两国积极参与质量认证机构合作，提高我国的农产品质量,扩大与俄罗斯的农产品贸易规模;在农业投资方面,加大中俄农业合作的投资保障措施,如建立农业合作发展保险、农业风险基金,建立和完善政策性农业保险体系;在农业科技方面,搭建中俄农业科技合作的中介平台,积极发挥科研机构、大学在科技合作中的主导作用,举办中俄农业科技合作促进活动,促进两国农业科技的合作与交流。中国与俄罗斯的农业合作具体推进方式主要如下。

1. 投资合作推进方式

机制保障是推进国家间农业合作的基本前提。一方面,政府需要搭建合作平台推进农业合作。中俄两国各级政府应通过签订政府间战略合作协议、投资合作协议等方式,鼓励相互企业积极开展农业合作,增强互相合作的潜在意识,促进两国农业合作进一步发展。另一方面,政府层面需要优化投资环境促进农业合作。中俄两国政府在保证农业招商引资政策稳定性和连续性的基础上,各自应相应制定配套优惠政策,为相互农业投资提供便利,为两国农业企业投资营造良好的政策环境。

2. 科技合作推进方式

科技发展是国家间农业合作的重要推动力。基于中俄两国良好的农业科技发展基础,以科技合作为突破口推进农业合作,对于中俄农业合作所需的紧缺人才,既可以通过高等院校、研究所或企业合作的形式定向培养,也可以通过相互引进高层次人才实现互补,并为高层次人才提供良好的物质待遇和有竞争力的提升空间,从而为实现两国农业由劳动密集型投资向技术密集型投资转变提供智力支持。

3. 贸易合作推进方式

贸易是两国最早推动农业合作的主要方式。一是两国政府要变资源优势为经济优势,由"资源开发型合作模式"向"出口基地型合作模式"转变,进一步加大互补型农产品的贸易量,贸易产品从过去的粮食等初级农产品为主向蔬菜、水果、畜产品、水产品等深加工食品为主过渡,并逐年增加进出口农产品的科技含量和附加值。二是促进有机食品贸易的发展,两国合作开展有机食品技术、天然药物开发及应用技术研究,建立以规模大、技术含量高、牵动力大的农产品加工基地,以满足日益提高的消费市场需求。

参考文献

高际香.2018.俄罗斯农村地区发展:挑战与应对[J].俄罗斯东欧中亚研究,(3):52-66.
刘纪稳.2013.金融危机以来俄罗斯农业发展研究[D].哈尔滨:黑龙江省社会科学院.
骆晓丽.2012.新时期中俄农业经贸合作研究[D].哈尔滨:黑龙江大学.
王万霞,杨秀峰.2010.俄罗斯农业科技发展动态综述[J].农业问题研究,(12):67-70.
吴迪.2015.俄罗斯农业的发展现状、困境与改革方向[J].世界农业,(11):192-194.

许振宝，李哲敏 .2016. "一带一路"战略下中国与俄罗斯农业合作探析［J］.世界农业，（8）：192-196.
杨逢珉，丁建江 .2015. 中国农产品出口俄罗斯市场存在的问题与对策［J］.对外经贸实务，（3）：47-49.
张金萍，高子清 .2014. 中俄农业深度合作的基础与路径选择［J］.求是学刊，（6）：1-9.
张庆萍，朱　晶 .2014. 俄、乌、哈三国农业投资环境比较研究［J］.国际经济合作，（1）：56-62.
张新颖，李淑霞 .2012. 中国与俄罗斯农业合作的三大趋势［J］.中国农村经济，（5）：85-88.

日 本

日本位于亚欧大陆东部，是太平洋上一个呈弧形的岛国，其领土由本州、北海道、九州、四国等四个大岛和7200多个小岛组成。日本四面环海，东部和南部为一望无际的太平洋，西临日本海、东海，北接鄂霍次克海，与朝鲜、韩国、中国、俄罗斯、菲律宾等国隔海相望。日本的民族构成比较单一，主要为大和族、琉球族、阿伊努族。主要宗教为神道教、佛教，官方语言为日本语。按行政区划，全国分为1都1道和43县，下设市、町、村。日本是世界人口密度最大的国家之一，属于典型的人多地少国家。首都东京是国际性的大都市，它既是全国的经济、金融、商业中心（世界三大金融中心之一），又是全国的文化教育中心和最大的交通枢纽。中日两国是一衣带水的友好邻国，2017年是中日邦交正常化45周年，"一带一路"政策将为中日深化合作提供更大的新舞台和更佳的试验场，相信中日两国农业合作与交流也将步入崭新的阶段。

一、国家基本概况

（一）自然地理

日本的国土面积的占世界陆地面积的1/400。日本约3/4的国土面积为山体所覆盖，许多山脉海拔为3千米以上，海拔最高的山是富士山，约为3.78千米。日本属于一个多火山多地震的国度，由于地处环太平洋火山带，在全球1500座左右的活火山中，日本几乎占了1/10，还处于亚欧板块和太平洋板块的交界处。日本自北向南跨越了约25个纬度，南北差异显著，冬季受源自西伯利亚季风的影响，夏季受来自太平洋的季风影响，一年四季气温变化分明，以温带和亚热带季风气候为主，夏季炎热多雨，冬季寒冷干燥。日本水能资源丰富，海岸线全长3.39万千米，在寒流和暖流的交汇处，鱼类资源丰富，形成了很多天然渔场，最有名的是北海道渔场。日本位于亚欧大陆东部，是太平洋上一个呈弧形的岛国，其领土由本州、北海道、九州、四国4个大岛和7200多个小岛组成，有"千岛之国"的美称。四面环海，东部和南部为一望无际的太平洋，西临日本海、东海，北接鄂霍次克海，与朝鲜、韩国、中国、俄罗斯、菲律宾等国隔海相望。

（二）人口状况

日本总务省2017年报告显示，2017年日本总人口约为1.27亿人。自20世纪90年代起，日本人口就进入了低水平增长阶段，2005年首次出现负增长，2010年，日本人口达到最高峰为1.28亿人，之后持续呈负增长态势（图1）。日本的人口趋势还面临着严重的老龄化问题，据日本总务省2017年对日本高龄人口的趋势及预测资料显示，与世界各国65

岁高龄者占总人口比重相比，日本为 27.3%，韩国为 13.1%，中国为 11.4%，日本排名世界第一。

日本的民族构成比较单一，主要为大和族，琉球族，阿伊努族。主要宗教为神道教和佛教，信仰人口分别占总人口的 49.6% 和 44.8%。

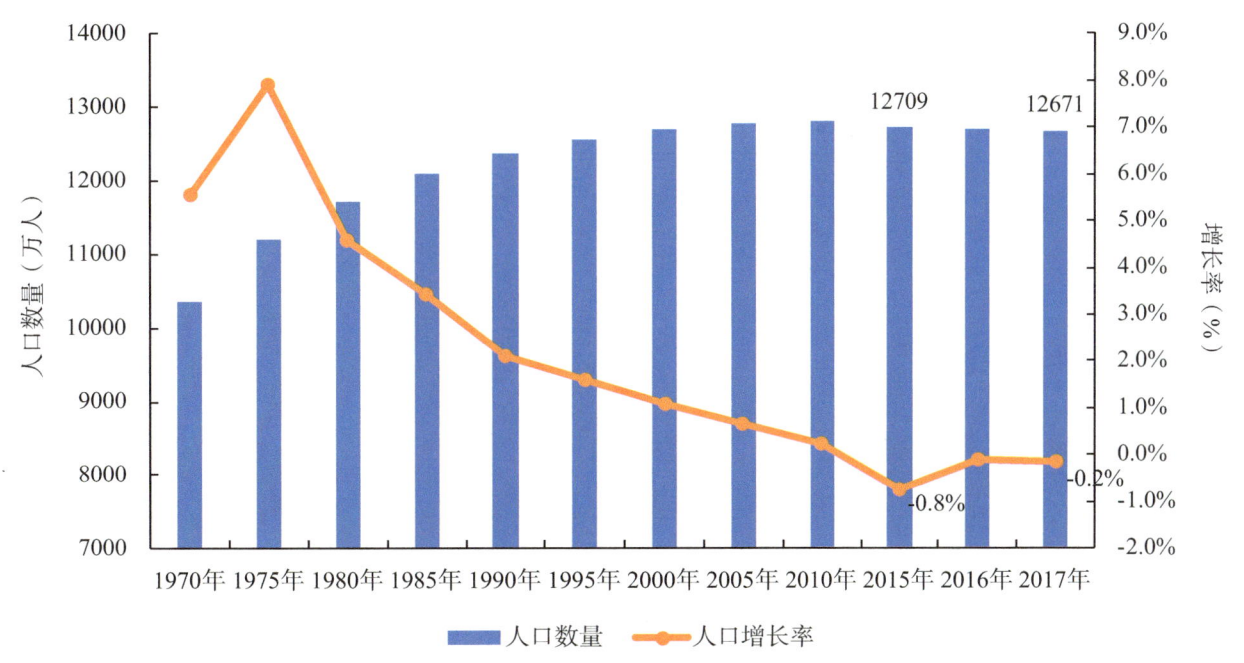

图 1　1970—2017 年日本人口数及人口增长率

数据来源：日本总务省

注：2017 年数据为预测值

随着总人口的持续减少，日本的农业人口也逐渐减少。2010—2016 年，农业人口由 650.3 万人减少到 465.3 万人，减幅达 39.8%。其中，从事农业人口由 260.6 万人减少到 192.2 万人，减幅为 3.6%，同期，从事农业人口占总人口中比重从 2.0% 降至 1.5%，从事农业人口减少速度远高于总人口减少速度。

日本的高龄化问题已成为覆盖城市与农村较深刻的社会问题，从事农业人口的高龄化程度更加严重，成为日本农业农村发展的重要问题。2010—2016 年，日本从事农业人口当中，65 岁以上高龄人口占总人口比重则从 61.6% 增长至 65.2%，2016 年日本从事农业人口的平均年龄高达 66.8 岁（表1）。

表1 2010年—2016年从事农业人口数及其构成　　　　　　　　（单位：万人）

区　分	2010年	2011年	2012年	2013年	2014年	2015年	2016年
农业人口	650.3	616.3	586.4	562.4	538.8	488.0	465.3
—从事农业人口	260.6	260.1	251.4	239	226.6	209.7	192.2
*女性	130.0	134.5	128.4	121.1	114.1	100.9	90.0
*15～39岁	17.7	17.5	19	17.4	15.2	14.1	11.8
*65岁以上	160.5	157.7	151.6	147.8	144.3	133.1	125.4
*平均年龄（岁）	65.8	65.9	65.8	66.2	66.7	66.4	66.8
农业人口高龄化率（%）	34.3	34.5	35.1	36.1	37.4	38.6	39.7
从事农业人口高龄化率（%）	61.6	60.6	60.3	61.8	63.7	63.5	65.2
总人口高龄化率（%）	22.8	23.3	24.1	24.5	25.4	26.2	26.9

数据来源：日本总务省、日本农林水产省

（三）政治制度

日本政治体制是议会制君主立宪制，宪法订明"主权在民"，而天皇是"日本国及人民团结的象征"，是世界上唯一一个宪法没有赋予君主任何权力的君主制国家。日本的政府是议会内阁制的代议民主制，实行立法、行政、司法的三权分立原则：立法权归两院制国会；行政权归内阁、地方公共团体及中央省厅；司法权归裁判所，即法院。宪法规定国家最高权力机构为日本国会，分为众参两院。众议院定员480名，任期4年。国会可通过内阁不信任案，首相有权提前解散众议院重新选举。参议院定员242名，任期6年，每3年改选半数，不得中途解散。在权力上，众议院优于参议院。每年1月至6月召开通常国会，会期150天，其他时间可根据需要召开临时国会和特别国会。日本政府实施行政改革后政府机构为1府11省厅。日本的司法权属于最高法院及下属各级法院，采用"四级三审制"。最高法院长官（院长）由内阁提名，天皇任命，14名判事（法官）由内阁任命，需接受国民投票审查。其他各级法院法官由最高法院提名，内阁任命，任期10年，可连任。各级法官非经正式弹劾，不得罢免。战后日本实行"政党政治"，代表不同阶级、阶层的各种政党相继恢复或建立。参加国会活动的主要政党有自民党、民主党、公明党、日本共产党、社民党、保守新党等。

（四）社会和经济发展状况

日本从20世纪60年代开始进入经济高速发展期，每年保持着10%的高速经济增长，在短短20年时间里，从第二次世界大战后衰落破败，一片废墟的战败国迅速冲到了世界第二大经济体的位置。但是，到了20世纪90年代初，日本经济出现了泡沫崩溃，在1991年房地产和股市泡沫破裂后，日本经济陷入了多年的低潮。在2001—2010年，日本GDP平均实际年增长率进一步下滑至1%以下，人均GDP的世界排名从1993年的第二，下降到2016年的第25位。日本经济长期衰落背后的原因包括经济结构缺陷、宏观政策的局限性、日元持续升值、人口低生育及老龄化、消费税上升等要素的影响。

受2008年全球金融危机影响，2005—2016年期间，日本GDP增长率出现过负增长，GDP波动较大。2016年，日本GDP为539.3兆日元，相比2005年的525.7兆日元增长了2.6%，期间出现过3次负增长，最近连续五年保持了小幅度增长趋势。同期，人均GDP也连续五年呈现小幅增长趋势，2016年，日本人均GDP是424.9万日元，相比2005年的411.5万日元只增加了3.3%（图2）。

图2　2005—2016年GDP规模及增长率

数据来源：日本内阁府

二、农业发展现状

（一）农业资源条件

1. 气候资源

日本以温带和亚热带季风气候为主，夏季炎热多雨，冬季寒冷干燥，四季分明。自北向南横跨了约25个纬度，冬季受西伯利亚的季风影响，夏季受来自太平洋的季风影响，南北气温差异十分显著，1月平均气温北部 -6℃，南部 16℃；7月北部 17℃，南部 28℃。日本东部太平洋一侧自南向北均受日本暖流（黑潮）环绕、东北部形成千岛寒流（亲潮），西部日本海一侧是对马暖流和里曼寒流。在寒流和暖流交汇处，鱼类资源丰富，形成天然渔场。由于地处海洋的包围之中，终年温和湿润，冬无严寒，夏无酷暑。

2. 土地资源

日本是一个多山的岛国，山地从东北向西南绵延伸展约 2800 千米，位居世界国土面积排名第 62 位，人口密度高达 3360 人/平方千米。山地成脊状分布于日本的中央，将日本的国土分割为太平洋一侧和日本海一侧，山地和丘陵占总面积的 71%，日本的平原面积只占 29%，耕地资源十分有限，且其作物生产最需要的耕地面积在不断地减少。

日本的耕地面积约为 447.1 万公顷。局限于狭窄的耕地面积，日本农业以投入大量资本及劳动力形成了集约型农业生产活动。进入 20 世纪 90 年代末期，日本的农业面临从事农业人口高龄化、缺少农业继承人、农业收入减少等问题。因此，放弃农业生产的农户逐渐增加，出现了耕地面积及栽培面积也随之减少的趋势。

1990—2016 年期间，日本的耕地面积从 524.3 万公顷减少到 447.1 万公顷，减幅为17.3%，耕地面积占国土面积的比重从 13.9% 降到 11.8%，减幅为 17.8%。日本的耕地面积中，水田面积和旱地面积的比重基本维持在（54:46）~（55:45）的水平，且水田和旱地种植面积呈现出相同的减少趋势。同期，水田面积从 284.6.4 万公顷减少到 243.2 万公顷，减幅为 17.0%；旱田面积从为 239.7 万公顷减少到 203.9 万公顷，减幅为 17.6%（表 2）。

表 2 1990—2016 年日本耕地资源情况　　　　　　（单位：万公顷）

项 目	1990 年	1995 年	2000 年	2005 年	2010 年	2015 年	2016 年
国土面积	3777.4	3778.3	3778.7	3779.1	3779.5	3779.7	378.0
耕地面积及国土面积百分比	524.3（13.9%）	503.8（13.3%）	483.0（12.8%）	469.2（12.4%）	459.3（12.2%）	449.6（11.9%）	447.1（11.8%）
－水田	284.6	274.5	264.1	255.6	249.6	244.6	243.2
－旱田	239.7	229.3	218.9	213.6	209.7	205.0	203.9
耕地利用率	102.0	97.7	94.5	93.4	92.2	91.8	91.7

数据来源：日本农林水产省统计部
注：（ ）国土面积中占的比重

3. 水资源

日本大部分地区处于降水丰富的亚洲季风带，降水量约为 1700 毫米/年。但由于日本国土狭小、人口众多，人均年降水量约为 5241 立方米/(年·人)，只相当于世界平均数的 1/5。日本全国多年平均年径流量为 5470 亿立方米，但实际可供开发利用的水量只有 2000 亿立方米。20 世纪 60 年代以后，日本进入经济高速增长时期，由于人口、产业向沿海大城市集中，用水量急剧增长。因此，水资源利用的方向发生了改变，重点从农业、航运、水力发电转向工业和城市生活用水，开发方式也从天然径流的利用，转向兴修专用水库和多目标兴利水库的综合开发。20 世纪 80 年代初，日本已建成水库 2000 座，其中具有防洪、兴利多目标的水库 210 座，正在兴建的水库约有 470 座，1982 年全国有引水、输水、配水的管道总长约 37 万千米。日本境内河流流程短但水能资源丰富，最长的信浓川长约 367 千米；最大的湖泊是琵琶湖，面积 672.8 平方千米。

4. 生物资源

日本的矿产资源很少，渔业发达，林业资源丰富（表3）。日本拥有世界第一大渔场——北海道渔场，位于千岛寒流与日本暖流交汇的北海道附近海域，浮游生物丰富，为鱼类提供了丰富的饵料，故鱼群密集，主要产鱼类型有鲑鱼、狭鳕、太平洋鲱鱼、远东拟沙丁鱼、秋刀鱼。日本是世界上森林覆盖率最高的国家之一，森林覆盖率高达 64.7%（表3）。

表3　1990—2015 年日本森林面积

年　份	1990 年	2000 年	2005 年	2010 年	2015 年
森林面积（单位：万公顷）	2595.0	2487.6	2493.5	2496.6	2495.8

数据来源：联合国粮农组织

（二）农业生产情况

1. 农业 GDP 规模及构成

日本的农业 GDP 日益下降，1984 年最高达到 11.7 兆日元后，受到日元升值、长期间的经济衰退等影响，同时，市场开放带来的农产品进口增加、从事农业人口减少、人口老龄化、耕地面积减少等多种要素的影响，农业 GDP 持续下滑，2000 年以后，以 8 兆日元左右的水平波动。2016 年，日本农业 GDP 为 9.2 兆日元，相比 1984 年减少了 27.2%。农业在日本的经济结构中所占的比重较低，2016 年，日本农业 GDP 占日本 GDP 的 1.7%（图3）。

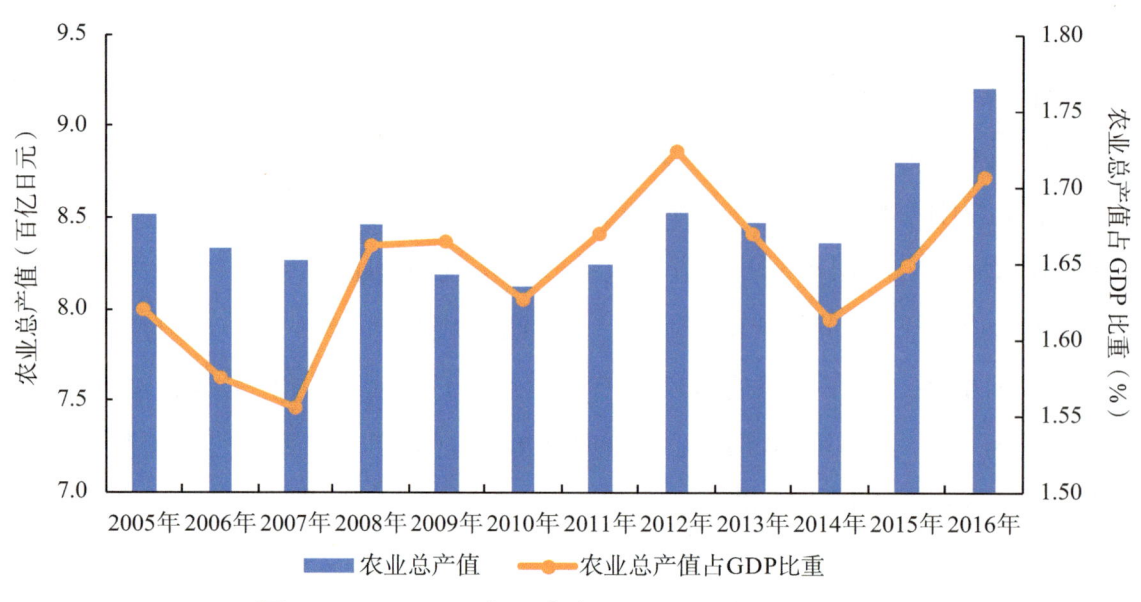

图3 2005—2016年日本农业GDP及占GDP比重

数据来源：日本农林水产省

从农业GDP结构来看（表4），种植业在农业GDP所占比重最大，为65.0%；畜产品所占比重为34.4%；加工农产品所比重较少，为0.6%。与2000年相比，2016年的种植业产值从6.60兆日元减少到5.98兆日元，减幅为10.4%，其中，蔬菜类呈持续增长态势，薯类和水果类产值保持稳定，大米、麦类、豆类、花卉及经济作物类等大部分种植业均出现较大幅度减少趋势。种植业产值中，蔬菜产值占的比重最大，为27.8%，其次是大米，为18.%。同期，畜产品的产值增幅较大，从2.46兆日元增加到3.16兆日元，增幅达28.6%，主要畜产品均呈现增长趋势，其中，牛肉产值的涨幅最大为61.9%。

日本的农业生产收入指从农业GDP中扣除生产费用外，再加上补助金的总额。日本的农业生产收入占农业GDP的比重趋于减少，1993年达到最高值为45.7%，之后呈现持续下降趋势，2014年降为33.8%，2016年有所增长，为40.8%。

表4 2000—2016年日本农业GDP构成　　　　　　　　　　（单位：亿日元）

区 分	2010年	2011年	2012年	2013年	2014年	2015年	2016年
农业GDP	91295	81214	85251	84668	83639	87979	92025
种植业	66026	55127	58790	57031	53632	56245	59801（65.0%）
－大米	23210	15517	20286	17807	14343	14994	16549（18.0%）
－麦类	1306	469	440	410	384	432	312（0.3%）
－豆类	1013	619	658	641	749	684	554（0.6%）
－薯类	2298	2071	1842	1985	2075	2261	2372（2.6%）
－蔬菜	21139	22485	21896	22533	22421	23916	25567（27.8%）
－水果	8107	7497	7471	7588	7628	7838	8333（9.1%）

（续表）

区 分	2010年	2011年	2012年	2013年	2014年	2015年	2016年
－花卉	4466	3512	3451	3485	3437	3529	3529（3.8%）
－经济作物	3391	2143	1962	1849	1889	1862	1871（2.0%）
畜产业	24596	25525	25880	27092	29448	31179	31626（34.4%）
－牛	4564	4639	5033	5189	5940	6886	7391（8.0%）
－鲜奶	6822	6747	6874	6824	6967	7314	7391（8.0%）
－猪	4616	5291	5367	5746	6331	6214	6122（6.7%）
－鸡	7023	7352	7239	7842	8530	9049	8754（9.5%）
加工农产品	673	562	581	545	559	555	598（0.6%）
农业生产收入	35562	28395	29541	29412	28319	32892	37558（40.8%）

数据来源：日本农林水产省

注：（ ）是农业GDP中占的比重

2. 主要农产品产量

日本主要的农作物有水稻、小麦、大豆、蔬菜、水果等。除了大米能够自给有余以外，其他作物的栽培面积和产量逐年下降，进口不断增加，农产品生产和消费的鸿沟也不断增加。根据日本农林水产省的2016年主要食品人均年消费量统计资料，大米的人均年消费量为54.4千克、小麦32.9千克、土豆15.5千克、豆类8.5千克、蔬菜88.6千克、水果类34.4千克、肉类31.6千克、鸡蛋16.9千克、牛奶及乳制品91.3千克、水产品24.8千克。与2005年相比，大米、蔬菜、水果、水产品均呈现减少趋势，小麦、土豆、肉类的消费量有小幅度增加，鸡蛋和牛奶等奶制品的消费量大体保持不变。尤其是作为主食的大米人均年消费量大幅度减少，由1965年的最高值118.3千克2005年减少到61.4千克，2016年减少到了54.6千克（表5）。

表5　2005—2016年日本主要食品生产量及消费量　　　　（单位：万吨，千克）

区 分	2005年		2010年		2015年		2016年	
	生产量	消费量	生产量	消费量	生产量	消费量	生产量	消费量
大米	899.8	61.4	855.4	59.5	842.9	54.6	855.0	54.4
小麦	87.5	31.7	57.1	32.7	100.4	33.0	79.1	32.9
土豆	275.2	14.8	229.0	14.8	240.2	15.3	219.9	15.5
蔬菜	1249.2	96.3	1173.0	88.1	1190.9	90.8	1159.8	88.6
水果	370.3	43.1	296.0	36.6	294.5	35.5	291.8	34.4

（续表）

区 分	2005年		2010年		2015年		2016年	
	生产量	消费量	生产量	消费量	生产量	消费量	生产量	消费量
肉类	304.5	28.5	321.5	29.1	326.8	30.7	329.1	31.6
鸡蛋	246.9	16.6	150.6	16.5	252.1	16.7	255.8	16.9
牛奶	829.3	91.8	763.1	86.4	740.8	91.1	734.2	91.3
水产品	515.2	34.6	478.2	29.4	417.7	25.8	388.7	24.8

数据来源：日本农林水产省

注：消费量为人均年消费量

日本的主要农产品除了大米能够自给有余外，其他农产品的自给率普遍较低。日本主要农产品的自给率到2000年初呈现波动中持续下降趋势，其中，降幅最明显的农产品是水产品和水果。水产品的自给率从1965年的100%，2005年降到51%；水果的自给率从1965年的90%，2005年降到41%。从2005年开始，日本主要农产品的自给率趋于稳定。日本主要农产品中，大米、鸡蛋、蔬菜的自给率较高，分别为97%、97%和80%，大豆和小麦的自给率只有12%和7%，大部分依赖于进口（图4）。

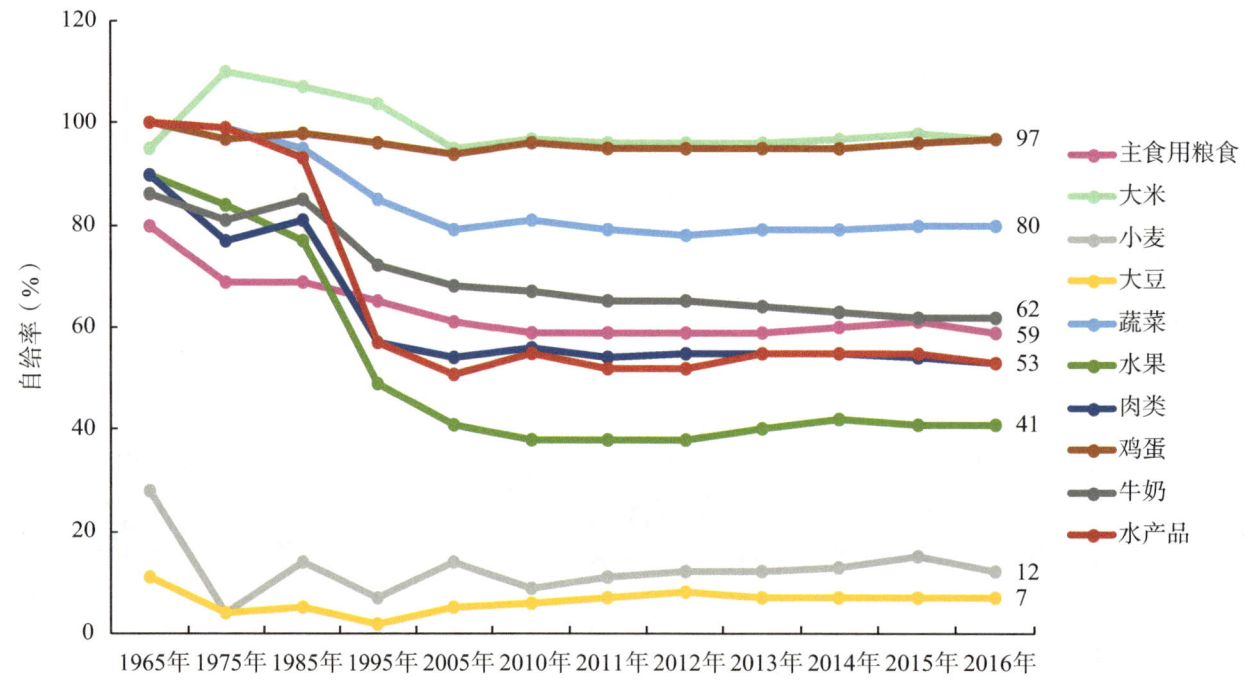

图4　1965—2016年主要农产品自给率

数据来源：日本农林水产省

（1）种植业

20世纪60年代开始，日本经济进入高度成长期，日本人以大米为主食的传统饮食习惯发生了变化，开始形成了喜好面食、肉类、奶制品等西方式饮食习惯。日本的水稻栽培面积由1961年313.4万公顷达到最高峰，随后出现减少趋势，进入20世纪90年代，以1994年为起点呈现持续减少趋势。日本水稻生产量的最高峰出现在1969年，为1348.9万吨。2016年，日本的水稻栽培面积是147.8万公顷，水稻生产量是804.2万吨，相比1961年均减少了50%左右。同期，日本人均大米消费量从118.3千克减少到了54.4千克，减幅达117.5%。

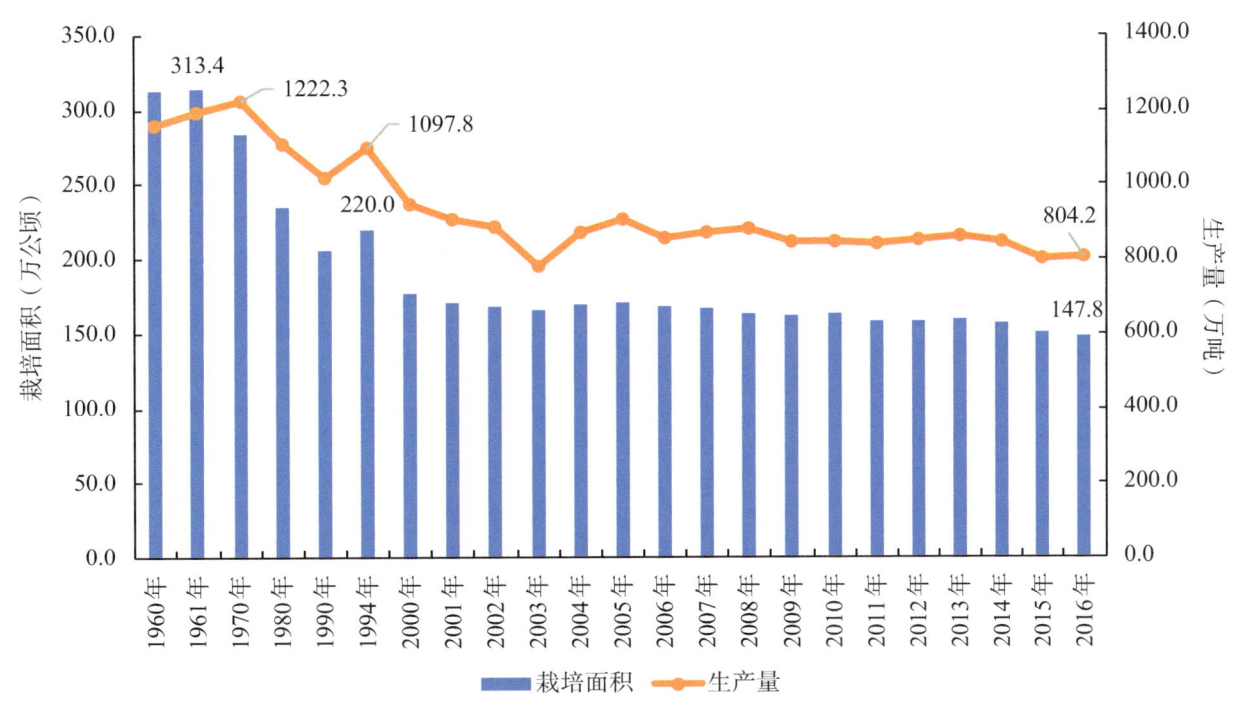

图5　1960—2016年日本水稻栽培面积及生产量

数据来源：日本农林水产省

日本水稻的主产区没有多大变化，在总栽培面积和总产量占比重也基本相似。以水稻产量为标准，日本10大水稻栽培主产区依次为新潟、北海道、秋田、山形、福岛、宫城、茨城、枥木、千叶、岩手等地区。

日本蔬菜的栽培面积呈现减少趋势，2000—2016年期间，蔬菜栽培面积从53.96万公顷减少到47.16万公顷，减幅为14.3%，蔬菜的生产量则从1566.7万吨减少到1318.0万吨，减幅是18.9%。通过观察主要蔬菜种类栽培面积的变化状况，会发现总体上看大部分种类蔬菜呈现减少趋势，并且每个种类的的变化情况存在差异，但是，甘蓝的栽培面积却在 2010 年以后出现了增加的趋势，2016 年甘蓝的栽培面积是 3.46 万公顷，相比 2010 年的 3.33 万公顷，增加了 3.3%（表 6）。

同期，观察主要蔬菜的栽培面积及生产量变化，大多数蔬菜种类的栽培面积减幅大于生产量的减幅，这可以说明得益于增产新技术，蔬菜的单产提高了。但是大葱、菠菜、南瓜、茄子、哈密瓜、西瓜的单产却呈现低下趋势，尤其是南瓜，同期，南瓜的栽培面积减幅为 10.6%，生产量的减幅则高达 36.9%。

表 6　2000—2016 年日本主要蔬菜类栽培面积及生产量（单位：万公顷，万吨）

区　分		2000 年		2010 年		2015 年		2016 年	
		栽培面积	生产量	栽培面积	生产量	栽培面积	生产量	栽培面积	生产量
蔬　菜		53.96	1566.70	49.56	1336.50	47.47	1365.40	47.16	1318.00
根菜类	萝卜	4.57	187.60	3.57	149.60	3.29	143.40	3.23	136.20
	胡萝卜	2.23	68.17	1.90	59.57	1.81	63.31	1.78	56.68
叶菜类	白菜	2.27	103.60	1.83	88.87	1.76	89.46	1.73	88.87
	甘蓝	3.69	144.90	3.33	136.00	3.47	146.90	3.46	144.60
	菠菜	2.52	316.40	2.21	269.00	2.10	250.80	2.07	247.30
调味蔬菜	大葱	2.51	53.67	2.31	47.75	2.28	47.45	2.26	46.48
	洋葱	2.69	12.47	2.40	10.42	2.57	12.65	2.58	12.43
果菜类	黄瓜	1.52	76.65	1.21	58.78	1.10	54.99	1.09	55.03
	南瓜	1.77	25.36	1.80	22.05	1.61	20.24	1.60	18.53
	茄子	1.33	47.69	1.03	33.01	0.94	30.89	0.93	30.60
	番茄	1.36	80.63	1.23	69.09	1.21	72.70	1.21	74.32
	草莓	0.75	20.53	0.62	17.75	0.55	15.87	0.54	15.90
	哈密瓜	1.38	31.75	0.86	18.81	0.71	15.80	0.70	15.82
	西瓜	1.69	58.06	1.17	36.92	1.06	33.98	1.04	34.48

数据来源：日本农林水产省

日本的水果栽培面积因饮食习惯的变化、农业从业人员减少及人口高龄化、竞争力弱化等原因，呈现持续减少的趋势。随着栽培面积的减少，水果的生产量也逐渐减少。2000—2016 年间，水果栽培面积从 25.08 万公顷减少到 18.49 万公顷，减幅达 35.6%，水果的生产量则从 367.1 万吨减少到 257.5 万吨，减幅是 42.6%。

日本五大水果品种为柑橘、苹果、梨、柿子和葡萄。2016 年，日本水果栽培面积约为 25.08 万公顷，水果总产量为 257.5 万吨，其中 5 大水果的栽培面积为 12.78 万公顷，占水果总栽培面积的69.1%,生产量为222.93万吨,占水果总产量的86.6%。柑橘和苹果的生产量达到了水果总产量的61%(表7)。

表7 2000—2016年日本主要水果类栽培面积及生产量 (单位:万公顷,万吨)

区 分	2000年		2010年		2015年		2016年	
	栽培面积	生产量	栽培面积	生产量	栽培面积	生产量	栽培面积	生产量
水果	25.08	367.10	20.05	256.60	18.75	260.30	18.49(100%)	257.50(100%)
−柑橘	5.84	114.30	4.61	78.60	4.22	77.78	4.15(22.4%)	80.51(31.3%)
−苹果	4.39	79.96	3.81	78.65	3.70	81.15	3.68(19.9%)	76.50(29.7%)
−梨	1.67	39.29	1.39	25.87	1.24	24.73	1.21(6.5%)	24.71(9.6%)
−柿子	2.47	27.85	2.24	18.94	2.08	24.20	2.04(11.0%)	23.29(9.0%)
−葡萄	2.02	23.75	1.80	18.48	1.71	18.05	1.70(9.2%)	17.92(7.0%)

数据来源:日本农林水产省
注:( )是水果总栽培面积及生产量中占的比重

日本主要的水果品种中,柑橘栽培面积大幅度减少。自20世纪60年代中期以来,柑橘的栽培面积大幅增加,1970年的柑橘产量高达366.5万吨,创下了历史最高。为了解决柑橘的供大于求的不均衡问题,日本政府数次实施了对于果园改造的宏观调控,例如果园栽培品种转换,果园废弃等,由此,柑橘的生产量大幅度减少,2016年柑橘的生产量85.01万吨,仅为1970年的23.2%。2000—2016年期间,日本的柑橘栽培面积从5.84万公顷减少到4.15万公顷,减幅达40.7%,柑橘的生产量则从114.3万吨减少到85.01万吨,减幅是34.5%。同期,苹果的栽培面积从4.39万公顷减少到3.68万公顷,减幅是19.3%,苹果的生产量则从79.96万吨减少到76.50万吨,减幅是4.5%。

(2)畜牧业

日本的畜牧养殖业由于从事人员的高龄化、缺乏继承人等原因造成了很多小规模的养殖户放弃养殖,从而养殖户数量呈减少的趋势。根据日本农林水产省的统计资料分析,2000—2016年间,日本的家畜饲养农户呈现急速减少趋势,但是,相比家畜养殖户的减少速度,家畜养殖数的减少速度比较缓慢。同期,日本的奶牛养殖户从3.36万户减少到1.7万户,减幅达97.6%,奶牛养殖数则从176.4万头减少到134.5万头,减幅为31.2%;肉牛养殖户从11.65万户减少到5.19万户,减幅达124.5%,肉牛养殖数则从282.3万头减少到247.9万头,减幅为13.9%;生猪养殖户从1.17万户减少到0.48万户,减幅达142.2%,生猪养殖数则从980.6万头减少到931.3万头,减幅为5.3%;鸡养殖户从0.53万户减少到

0.25 万户，减幅达 110.7%，鸡养殖数则从 18.7 万头减少到 17.57 万只，减幅为 6.4%（表8）。这可以说明日本畜产部门努力通过增加每户的家畜饲养数量来扩大畜产业的规模。

肉类、鸡蛋和牛奶等奶制品的生产量大体保持小幅度增长趋势。2016 年，除了牛肉生产量同比小幅度减少外，猪肉、鸡肉、鸡蛋和牛奶的生产量均出现同比小幅度增长。

表 8 2000—2016 年日本主要畜产品养殖户数及养殖数

区 分		2000 年	2005 年	2010 年	2015 年	2016 年
奶牛	养殖户数（户）	33600	27700	21900	17700	17000
	养殖数（万头）	176.40	165.50	148.40	137.10	134.50
肉牛	养殖户数（户）	116500	89600	74400	54400	51900
	养殖数（万头）	282.30	247.70	289.20	248.90	247.90
	牛肉产量（万吨）	53.03	49.95	51.50	48.10	46.44
猪	养殖户数（户）	11700	8880	6890	5270	4830
	养殖数（万头）	980.60	972.40	989.90	953.70	931.30
	猪肉产量（万吨）	127.07	124.50	129.25	125.43	127.86
鸡	养殖农户数（户）	5330	4280	3220	2640	2530
	养殖数（万只）	18.70	17.88	18.10	17.48	17.57
	鸡肉产量（万吨）	180.85	175.18	181.33	174.04	174.66
鸡蛋	产量（万枚）	254.01	248.10	251.53	252.09	256.22
牛奶	产量（万吨）	457.13	428.96	374.69	345.63	348.82

数据来源：日本农林水产省

（3）渔业

日本的渔业以海洋渔业为主，根据日本农林水产省的统计数据，2016 年，日本海洋渔业生产量占渔业总产量的 98.6%，海洋渔业生产量中海洋捕捞量占比为 76%，海洋养殖量则占 24%，渔业生产量中淡水的捕捞量及养殖量占比极少，仅为 1.4%。

日本的渔业生产量呈现减少趋势，2007 年至 2016 年的十年期间，日本渔业生产量从 573.5 万吨减少到 435.93 万吨，减幅为 23.8%。其中，海洋捕捞量从 446.95 万吨减少到 349.24 万吨，减幅为 28.0%；海洋养殖量从 118.26 万吨减少到 106.90 万吨，减幅为 10.6%；淡水捕捞量及养殖量从 8.29 万吨减少到 6.93 万吨，减幅为 19.6%（图 6）。

日本最受欢迎的水产品有沙丁鱼、金枪鱼、螃蟹、牡蛎、秋刀鱼、鲔鱼和日本鰤鱼等。

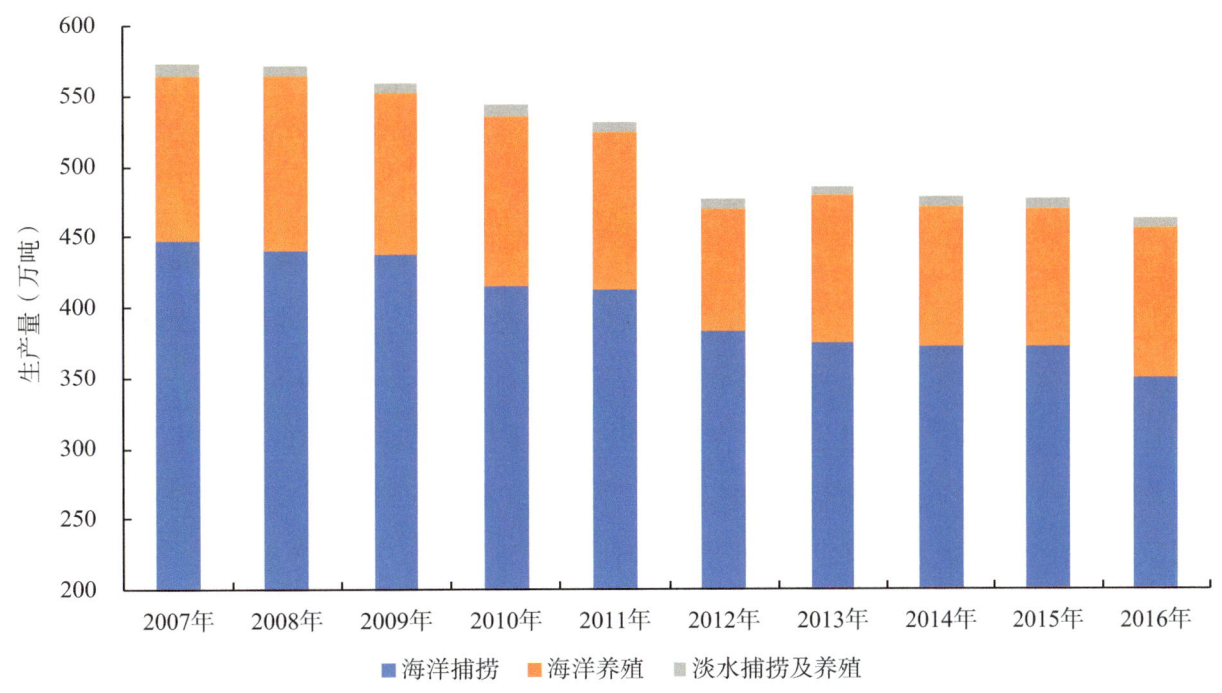

图 6　2007—2016 年日本渔业生产量变化

数据来源：日本农林水产省

3. 主要农业产业布局

根据地理位置、气候、土壤条件和生产特点，日本可划分为北海道、东北、北陆、关东和东山、东海、近畿、中国、四国、九州等 9 个农业区。日本的畜牧业由乳牛养殖业、肉牛养殖业、生猪养殖业和蛋鸡养殖业构成，主要集中在北海道地区、关东和东山地区、九州地区等牧草地较多的地区。日本的生猪养殖业主要分布在九州地区、关东和东山地区和东北地区，这三个地区的生猪存栏量分别占日本全国生猪存栏量的 31.5%、26.4% 和 16.8%；肉牛养殖业主要分布在九州地区、北海道地区、东北地区和关东和东山地区，这四个地区的肉牛存栏量分别占日本全国肉牛存栏量的 35.9%、20.3%、13.4% 和 11.3%；乳牛养殖业主要分布在北海道地区和北陆地区，这两个地区的乳牛存栏量分别占日本全国乳牛存栏量的 57.8% 和 13.7%；而蛋鸡养殖业则主要分布在关东和东山地区、东海地区、九州地区、中国地区和东北地区，这 5 个地区的蛋鸡存栏量分别占日本全国的 24.6%、14.3%、13.8%、12.9% 和 13.8%。

（三）农产品贸易情况

日本的农林水产品进出口贸易总体规模不断扩大，日本是农林水产品净进口国家，在国际贸易中一直保持着逆差。2012 年 12 月，安培政府以经济复苏为目的，发布了到 2020 年把农林水产品的出口额提高到当年的两倍，实现超过一兆日元的目标。得益于不断出台鼓励农产品出口政策等利好因素的影响下，日本的农林水产品出口趋于增长态势。

日本农林水产省的统计数据显示，最近5年，日本农林水产品的进出口贸易额从2013年的9.50兆日元增至2017年的10.18兆日元，增加7.2%。其中，农林水产品的出口贸易额增幅较大，从0.55兆日元增至0.81兆日元，增加47.3%；农林水产品的进口贸易额从8.95兆日元增至9.37兆日元，增加12.2%。同期，农林水产品的进出口贸易的逆差值从8.40兆日元增至8.57兆日元，增加2.0%，贸易逆差幅度减少（表9）。

2017年，日本农林水产品出口额在全国出口总额中占比重为1.0%，日本农林水产品进口额在全国进口总额中占比重为12.4%。同期，日本农林水产品出口额中农产品出口额占比重最大为61.5%；其次是水产品的出口额比重，为34.1%；林产品的出口额比重较少，是4.4%。日本农林水产品进口额中农产品进口额占比重达68.6%，水产品进口额比重为18.9%，林产品的进口额比重是12.5%。

表9 2013—2017年日本农林水产品进出口额　　　　（单位：亿日元，%）

区	分	2013年	2014年	2015年	2016年	2017年
出口	农林水产品总额（A）	5505.23	6117.06	7451.00	7502.14	8070.60（100%）
	农产品	3136.43	3569.29	4431.23	4593.49	4966.45（61.5%）
	林产品	152.39	211.05	263.24	268.17	354.89（4.4%）
	水产品	2216.42	2336.72	2756.52	2640.48	2749.25（34.1%）
	出口贸易总额（B）	697741.93	730930.28	756139.29	700357.70	782864.57
	A/B（%）	0.8	0.8	1.0	1.1	1.0
进口	农林水产品总额（C）	89531.20	92407.66	95209.05	85479.60	93732.16（100%）
	农产品	61365.30	63223.50	65629.32	58273.07	64258.70（68.6%）
	林产品	12369.02	12615.28	12413.17	11227.87	11722.17（12.5%）
	水产品	15796.87	16568.87	17166.56	15978.66	17751.29（18.9%）
	进口贸易总额（D）	812425.45	859091.13	784055.36	660419.74	753792.31
	C/D（%）	11.0	10.8	12.1	12.9	12.4
农林水产品进出口贸易额		95036.43	98524.71	102660.04	92981.74	101802.75
农林水产品贸易逆差（A-C）		△84025.96	△86290.60	△87758.05	△77977.46	△85661.56

数据来源：日本农林水产省

注：（ ）是农林水产品总额中占的比重

日本

1. 主要农产品贸易规模

2013—2017 年，日本农林水产品的进口贸易额从 8.95 兆日元增至 9.37 兆日元，增加了 12.2%。日本主要前 20 位进口农林水产品的进口额合计占农林水产品总进口额的 50% 左右。其中，玉米、大豆、小麦等粮食类和猪肉、牛肉、鸡肉等肉类的进口较多（表 10）。

表 10　2013—3017 年日本前 20 位进口农林水产品的进口额　　（单位：亿日元）

区　分	2013 年	2014 年	2015 年	2016 年	2017 年
农林水产品总额	89531.20	92407.66	95209.05	85479.60	93732.16
前 20 位农林水产品合计	47191.23（52.7%）	47720.76（51.6%）	49171.36（51.6%）	44248.80（51.8%）	49580.26（52.9%）
香烟	4407.35	3991.42	4237.35	4395.97	5296.60
猪肉	3897.36	4563.66	4251.10	4528.30	4910.47
牛肉	2668.45	3065.12	3378.63	2887.64	3504.76
玉米	4636.53	4084.96	3916.44	3331.54	3457.99
新鲜及干燥水果	2632.76	2860.74	3318.92	3174.64	3248.09
酒精饮料	2511.11	2764.62	2907.71	2666.37	2867.63
鸡肉调制品	2079.58	2056.06	2284.67	2097.48	2521.35
制裁板	3022.18	2687.06	2527.90	2314.76	2509.53
木材板	2179.61	2396.42	2687.48	2324.69	2363.39
鲑鱼、鳟鱼（生鲜、冷藏、冷冻）	1617.37	1900.98	1918.40	1795.34	2235.29
虾（活、生鲜、冷藏、冷冻）	2231.43	2262.02	2070.68	1987.30	2204.81
松鱼、金枪鱼类（生鲜、冷藏、冷冻）	1779.23	1903.37	2002.64	1891.15	2053.13
冷冻蔬菜	1574.65	1671.01	1879.59	1698.63	1876.89
大豆	1837.63	1938.65	2062.21	1660.42	1735.27
小麦	2221.91	2084.94	1999.65	1480.09	1714.67
鸡肉	1095.26	1412.63	1583.80	1213.04	1509.11
天然橡胶	1970.83	1508.96	1316.95	1007.82	1501.39
咖啡豆	1448.13	1420.16	1799.87	1433.53	1491.69
蔬菜种子	1642.18	1357.64	1444.22	1133.76	1293.34
合板	1737.68	1790.32	1583.15	1226.33	1284.88

数据来源：日本农林水产省
注：( ) 是农林水产品总额中占的比重

得益于不断出台鼓励农林水产品出口政策等利好因素的影响下，日本的农林水产品的出口趋于增长态势。2013—2017 年，日本农林畜水产品的出口贸易额从 0.55 兆日元增至 0.81 兆日元，增幅达 47.3%。日本主要前 20 位出口农林水产品中，扇贝类、珍珠、鲭鱼、海参、鲂鱼、金枪鱼等生鲜及加工水产品的出口较多。2012 年，解除了对口蹄病发生的封锁，日本恢复了对美国的牛肉出口，由此牛肉的出口剧增，2017 年，日本的牛肉出口额达到了 191.56 亿日元，相比 2013 年的 57.71 亿日元，增幅达 232.7%（表 11）。

表 11　2013—3017 年日本前 20 位出口农林水产品的出口额　　（单位：亿日元）

区　分	2013 年	2014 年	2015 年	2016 年	2017 年
农林水产品总额	5505.23	6117.06	7451.00	7502.14	8070.60
前 20 农林水产品合计	2568.86（46.7%）	2860.09（46.8%）	3538.39（47.5%）	3713.44（49.5%）	4072.93（50.5%）
酒精饮料	250.97	293.51	390.29	429.96	545.03
扇贝（生鲜、冷藏、冷冻、盐制、干燥）	398.50	446.65	590.79	548.34	462.54
珍珠（天然、养殖）	188.13	245.44	319.05	303.81	323.31
混合调味汁料	213.81	229.88	264.23	273.72	295.90
清凉饮料水	123.53	159.37	197.38	194.31	245.05
鲭鱼（生鲜、冷藏、冷冻）	119.56	115.13	178.96	179.86	218.85
海参（调制）	—	—	—	181.75	207.40
牛肉	57.71	81.73	110.05	135.52	191.56
饼干（大米饼除外）	111.02	147.77	177.02	181.62	182.22
鲂鱼（生鲜、冷藏、冷冻）	87.32	100.12	138.40	134.73	153.80
播种用种子等	116.43	128.23	151.39	146.23	151.66
绿茶	66.10	77.99	101.06	115.51	143.57
松鱼、金枪鱼类（生鲜、冷藏、冷冻）	174.23	157.82	137.76	97.94	142.62
烟	228.33	194.56	235.88	218.73	138.20
丸太	31.39	68.94	94.16	84.66	136.83
植木等	94.30	81.42	76.09	80.33	126.32
苹果	71.60	86.42	133.93	132.99	109.48
猪皮（原皮）	121.47	116.09	89.97	97.37	108.42
调制品（海鲜香肠等）	59.46	69.61	81.68	92.72	95.20
汤类	54.99	59.40	70.31	83.34	94.98

数据来源：日本农林水产省

注：（ ）是农林水产品总额中占的比重

2. 主要贸易伙伴

日本农林水产品主要进口市场分布较广。根据日本2017年的农林水产品出口统计数据，日本农林水产品进口额前10位的进口市场依次是美国、中国、泰国、加拿大、澳大利亚、印度尼西亚、巴西、意大利、韩国、智利等国家。美国是日本进口农林水产品的第一大市场，2017年的统计数据显示，日本从美国的农林水产品进口额是1.71兆日元，占据日本农林水产品总进口额的18.3%。中国是日本农林水产品的第二大进口贸易国，同年，日本从中国的农林水产品进口额是1.21兆日元，占据日本农林水产品总进口额的12.9%（表12）。

表12 2013—2017年日本农林水产品主要进口国家及地区的进口额 （单位：亿日元，%）

区 分	2013年 进口额	比重	2014年 进口额	比重	2015年 进口额	比重	2016年 进口额	比重	2017年 进口额	比重
农林水产品总额	89531.20	100.0	92407.66	100.0	95209.05	100.0	85479.60	100.0	93732.16	100.0
前20位进口地区合计	73153.41	81.7	76952.36	83.3	79374.38	83.4	71246.83	83.3	78456.15	83.7
美国	16333.95	18.2	18504.64	20.0	18695.50	19.6	15777.32	18.5	17116.05	18.3
中国	12124.41	13.5	12827.96	13.9	13130.24	13.8	11642.34	13.6	12109.78	12.9
泰国	5355.44	6.0	5369.96	5.8	5887.41	6.2	5183.87	6.1	5693.89	6.1
加拿大	5908.73	6.6	5777.39	6.3	5756.49	6.0	5088.84	6.0	5627.39	6.0
澳大利亚	5083.58	5.7	5021.42	5.4	5459.06	5.7	4860.76	5.7	5386.19	5.7
印度尼西亚	3536.90	4.0	3434.90	3.7	3423.43	3.6	3042.41	3.6	3631.81	3.9
巴西	4149.11	4.6	3202.87	3.5	3561.26	3.7	3201.09	3.7	2983.94	3.2
意大利	1037.93	1.2	1224.05	1.3	1242.98	1.3	1580.44	1.8	2885.11	3.1
韩国	2061.50	2.3	2230.96	2.4	2325.37	2.4	2276.68	2.7	2734.99	2.9
智利	2380.96	2.7	2664.32	2.9	2540.95	2.7	2278.28	2.7	2709.29	2.9
越南	1924.80	2.1	2282.46	2.5	2598.00	2.7	2303.57	2.7	2627.57	2.8
菲律宾	2072.79	2.3	2194.09	2.4	2292.09	2.4	2272.35	2.7	2274.75	2.4
法国	1902.50	2.1	2100.14	2.3	2090.68	2.2	1917.10	2.2	2092.12	2.2
新西兰	1896.07	2.1	2069.81	2.2	2057.86	2.2	1930.72	2.3	2090.19	2.2
马来西亚	2341.64	2.6	2484.05	2.7	2402.33	2.5	1968.15	2.3	2055.69	2.2
俄罗斯	1738.88	1.9	1748.70	1.9	1684.58	1.8	1698.70	2.0	1871.14	2.0
西班牙	676.83	0.8	898.34	1.0	1026.36	1.1	1055.21	1.2	1236.18	1.3
墨西哥	966.17	1.1	1043.57	1.1	1170.41	1.2	1159.23	1.4	1234.47	1.3
挪威	787.76	0.9	933.06	1.0	1015.59	1.1	1051.37	1.2	1059.82	1.1
中国台湾	873.45	1.0	939.66	1.0	1013.78	1.1	958.42	1.1	1035.80	1.1

数据来源：日本农林水产省

日本农林水产品主要出口市场主要分布在亚洲以及北美地区。根据日本 2017 年的农林水产品出口统计数据，日本农林水产品出口额前 10 位的出口市场依次是中国的香港地区、美国、中国的大陆地区、中国的台湾地区、越南、泰国、新加坡、澳大利亚、菲律宾、荷兰等国家与地区。

中国香港是日本出口农林水产品的第一大市场，2017 年的统计数据显示，日本对中国香港的农林水产品出口额为 1876.90 亿日元，占据日本农林水产品总出口额的 23.3%。2013—2017 年的 5 年间，日本对中国、韩国、菲律宾和荷兰等国家的出口规模持续大幅度增加（表 13）。

表 13　2013—2017 年日本农林水产品主要出口国家及地区的出口额（单位：亿日元，%）

国家和地区	2013 年 出口额	比重	2014 年 出口额	比重	2015 年 出口额	比重	2016 年 出口额	比重	2017 年 出口额	比重
农林水产品总额	5505.23	100.0	6117.06	100.0	7451.00	100.0	7502.14	100.0	8070.60	100.0
前 20 出口国家和地区合计	5076.62	92.2	5667.64	92.7	6926.02	93.0	6987.59	93.1	7535.15	93.4
中国香港地区	1249.66	22.7	1343.19	22.0	1793.63	24.1	1853.00	24.7	1876.90	23.3
美国	818.51	14.9	932.18	15.2	1070.91	14.4	1044.61	13.9	1115.47	13.8
中国大陆地区	507.83	9.2	621.65	10.2	838.95	11.3	898.72	12.0	1007.15	12.5
中国台湾地区	735.26	13.4	836.60	13.7	952.22	12.8	930.80	12.4	837.84	10.4
韩国	372.95	6.8	408.77	6.7	500.62	6.7	511.26	6.8	596.69	7.4
越南	292.58	5.3	292.40	4.8	345.08	4.6	322.91	4.3	395.16	4.9
泰国	343.74	6.2	347.65	5.7	358.34	4.8	329.00	4.4	390.57	4.8
新加坡	163.64	3.0	189.12	3.1	223.14	3.0	233.87	3.1	261.31	3.2
澳大利亚	80.26	1.5	94.30	1.5	120.83	1.6	123.64	1.6	148.05	1.8
菲律宾	66.91	1.2	70.37	1.2	95.17	1.3	115.40	1.5	143.75	1.8
荷兰	57.76	1.0	74.25	1.2	105.23	1.4	114.17	1.5	134.25	1.7
加拿大	61.19	1.1	74.46	1.2	81.36	1.1	83.25	1.1	97.64	1.2
马来西亚	62.04	1.1	68.13	1.1	83.43	1.1	73.35	1.0	76.69	1.0
法国	44.57	0.8	48.96	0.8	61.47	0.8	64.91	0.9	72.12	0.9
英国	43.46	0.8	62.62	1.0	65.89	0.9	61.29	0.8	71.56	0.9
德国	63.19	1.1	57.71	0.9	66.30	0.9	66.73	0.9	67.10	0.8
阿联酋	40.93	0.7	59.15	1.0	74.90	1.0	54.86	0.7	65.33	0.8
印度尼西亚	54.04	1.0	58.88	1.0	64.12	0.9	61.34	0.8	64.85	0.8
柬埔寨	17.85	0.3	26.02	0.4	22.42	0.3	35.01	0.5	57.89	0.7
尼日尼亚	0.25	0.0	1.22	0.0	2.01	0.0	9.48	0.1	54.82	0.7

数据来源：日本农林水产省

3. 中国与其贸易情况

2016年，中国是日本的第二大出口国，出口额比上年增长了4.3%，占日本对世界各国贸易伙伴总出口额的17.7%，同时中国也是日本的第一大进口国，进口额比上年减少了2.5%，占日本对世界各国贸易伙伴总进口额的25.8%。日本对中国出口的主要产品为机电产品、化工产品和运输设备，2016年出口额分别为469.8亿美元、115.49.5亿美元和114.4亿美元，同比增长6.4%、1.8%和17.4%，占日本对中国出口总额的41.3%、10.1%和10.1%。在所有出口商品中，贵金属及制品出口量降幅最大，为27.6%。日本自中国进口的主要商品为机电产品、纺织品及原料和家具玩具，2016年进口额分别为711.7亿美元、216.3亿美元和93.6亿美元，同比下降1.2%、5.6%和0.1%，占日本自中国进口总额的45.4%、13.8%和6.0%。在日本市场上，中国的劳动密集型产品依然占较大优势，如纺织品及原料、鞋靴伞和箱包等轻工产品，这些产品在日本进口市场的占有率均在60%以上。

中国对日本的农产品出口额达到100.56亿美元，进口额达到7.85亿美元。其中，畜产品出口额达12.26亿美元，进口额达524万美元。总体而言，中国与日本的农业贸易，依旧处于顺差状态。中日两国具体的农产品的进出口贸易情况如表14、表15所示。

表14　中国对日本主要出口农产品贸易情况　　（单位：万美元）

项目	2008年	2009年	2010年	2011年	2012年	2013年	2014年	2015年	2016年
农产品	769785.86	769195.60	915559.76	1101359.94	1200120.57	1125327.47	1114267.91	1021242.69	1005588.11
饼粕	14856.36	33477.69	33159.18	11748.98	35813.23	31632.02	55816.58	50301.66	44499.55
调味香料	1392.89	1186.42	1162.28	1599.43	1132.29	972.41	973.23	1336.99	1424.00
干豆	8564.40	8883.75	11387.47	15393.10	12794.28	11084.68	13513.54	12568.82	11786.46
花卉	5920.91	7329.32	7610.83	8498.96	9218.54	8834.54	8150.78	7910.29	8989.70
精油	538.05	676.12	699.91	758.33	1114.94	743.36	588.32	506.76	420.85
粮食制品	18021.07	17808.52	20817.15	24713.73	28044.59	26132.41	24966.27	21583.79	20368.67
谷物	9190.10	11996.95	11988.74	10170.28	10012.67	6975.92	7643.74	8458.23	7060.22
薯类	505.78	489.52	521.53	690.42	603.56	495.43	286.51	198.18	154.77
棉麻丝	3219.13	2261.72	3080.74	3304.40	3928.76	3858.33	3354.50	2688.92	2397.95
蔬菜	144541.69	149875.95	192825.10	227087.52	237500.34	235200.39	228619.76	217325.50	216985.89
水产品	278202.13	267968.67	323232.75	407191.79	421553.53	390943.93	379967.33	363831.52	370316.99
水果	45974.52	38407.85	43895.81	60505.05	71563.82	68860.72	61659.27	55933.93	52425.62
糖类及糖	1051.13	960.33	1168.80	1939.83	2182.19	1758.62	1472.75	1331.98	1259.14
畜产品	108302.74	105095.67	131026.86	172267.29	190689.06	171141.10	164934.02	132444.50	122607.19

(续表)

项 目	2008年	2009年	2010年	2011年	2012年	2013年	2014年	2015年	2016年
药材	9919.92	10056.90	12710.45	17558.43	22017.97	21456.60	25330.81	20604.08	24663.85
饮品类	14615.87	12259.93	11631.35	12888.45	15009.86	14944.64	13365.12	12817.75	12165.79
油籽	20000.09	15377.84	18280.28	20838.20	23600.90	20570.97	18373.67	18043.50	16827.50

数据来源：中国海关统计

表15 中国对日本主要进口农产品贸易情况　　　　　　　　　　（单位：万美元）

项 目	2008年	2009年	2010年	2011年	2012年	2013年	2014年	2015年	2016年
农产品	40126.81	46369.78	60760.21	37122.95	43271.60	47251.10	57833.27	68381.56	78541.93
饼粕	0.00	0.00	1.46	0.00	12.10	0.00	10.80	0.00	0.00
调味香料	36.61	97.55	83.65	45.22	19.27	107.47	29.67	19.99	16.22
干豆	5.45	1.98	0.96	3.43	3.09	2.63	0.92	4.73	2.07
花卉	78.73	427.17	550.09	303.54	1878.18	3805.82	3638.05	4006.56	4199.52
精油	680.52	820.80	736.24	627.30	608.63	708.63	890.76	790.83	542.46
粮食制品	882.80	1026.05	1570.77	631.02	946.59	1263.43	1854.44	3445.23	5353.17
谷物	378.73	279.32	283.71	48.17	28.63	33.48	70.63	329.67	285.09
薯类	4.67	0.70	1.20	3.01	0.00	0.00	0.43	0.79	1.02
棉麻丝	82.05	54.63	99.46	94.27	94.40	59.81	127.06	86.08	44.12
蔬菜	2253.03	2128.95	3127.25	3749.64	3238.37	3918.98	4390.96	4728.69	5210.24
水产品	19354.47	22010.71	31885.11	17341.75	18878.20	23475.30	26931.89	28113.92	33481.09
水果	314.92	209.74	326.29	233.63	176.45	195.82	284.53	577.73	694.34
糖类及糖	596.84	690.13	733.92	383.55	527.37	500.63	705.82	1012.54	1214.72
畜产品	1342.11	2169.47	1562.25	702.80	701.17	683.97	652.72	563.26	524.58
药材	1.37	37.83	4.10	5.84	0.08	0.00	0.00	1.07	0.68
饮品类	2448.80	2582.50	3728.33	2099.55	3419.38	2634.70	3063.54	4961.94	6347.81
油籽	25.35	82.03	97.81	49.61	55.48	22.98	20.61	79.52	125.50

数据来源：中国海关统计

（四）农业科技发展

1. 农业科研机构

日本农业科研力量主要由国家级农业研究机构、地方农业研究队伍、大学、公司以及社团组织和非营利法人五部分组成。

第一梯队是国家队，最大的研究单位是挂靠在农林水产省的独立行政法人"农业食品产业技术研究机构",简称农研机构。农研机构为农业、食品生产、农村健全地发展进行开发研究,从名称上来看或许认为只是研究农作物,实际上研究领域非常宽泛,包括食品加工、流通、消费相关技术,畜产技术,动物卫生、农业工学技术、培养经营农业的人才等。截止到2012年,农研机构总共有1600多名研究人员,目前在全国跨学科研究有124重大项目。除农研机构外,国家级的农业研究机构还有农业生物研究所、农业环境技术研究所、国际农林水产业研究中心。它们都是独立行政法人,都分别拥有一支庞大的农业科研队伍。

第二梯队是地方农业研究队伍,日本全国47个都道府县都有农业研究中心,每个研究中心下设若干农业科学研究所,并拥有自己的建筑和试验基地。这些研究中心根据本地政府的要求,制定本地区农业研究计划,开展各种研究项目,各地农业研究中心的经费主要由地方政府承担。地方农业研究中心研究成果很多。以熊本农业研究中心为例,推出过水稻新品种"熊本425号""北陆193号",黑毛和牛种牛"平茂幸"、褐毛和牛种牛"光晴重"等,对当地农业发展作出很大贡献。

第三梯队是大学农业科研队伍,主要是大学农学部老师和大学生物科学研究人员。很多日本综合性大学都有农学部,大多有自己的农场。每个学部都有数十名老师,除上课外,其主要任务是利用尖端设备进行农业科学研究,从理论上对农产品进行科学论证和解析,得出让人信服的结果,帮助日本农产品打开销路,创出品牌。

第四梯队是公司科研人员,日本有3家大型农业科技公司(TAKIY种苗公司、SAKATA种子公司、雪印种苗公司),通过向农民用户提供开发新的农产品品种赚钱。这三家公司全部自负盈亏,而且和普通公司一样,需缴纳税收。

第五梯队是社团法人和非营利组织,如日本农业研究会、日本农艺化学会等,这类不以营利为目的的组织很多,多是提倡符合时代发展方向的农业,如有机农业等。

2. 农业科技发展状况

在世界经济全球化的进程中,机遇与挑战并存,国与国之间的联系更加密切的同时,竞争也越来越激烈。农业是国之根本,任何时候都是重中之重,农业的科技发展水平也是一个国家综合国力的体现。日本的农业极其发达,具有集约化、现代化的管理方式,先进的设施、肥料、生产模式等优势,生产出了高品质的农产品,日本农业堪称"观光农业""旅游农业",是精致农业的典范。近些年来,日本农业研发支出占GDP的总量维持在3%左右,总体来看,研发支出占GDP总量的比例在波动中上升。

在现代社会,随着物联网、大数据、电子商务等技术的发展,农业的发展与互联网的结合将成为潮流与趋势。智慧农业受到了各国的广泛重视,2004年,农业物联网被日本政府列入计划。截至2014年,日本已有50%以上农户选择使用农业物联网技术,这不仅大幅提高了农产品生产效率与流通效率，也有助于解决农业劳动人口老龄化和劳动力不足等问题。与此同时，日本三大电信业者 NTT DoCoMo、KDDI、软件银行（Softbank）不约而同布局物联网（IoT）技术，将其运用至农业领域，并布局海外市场。活用尖端技术而成的智慧农业能增加收货量，以及减轻农业人员负担，未来将继续活用数据分析技术，推动多角化经营。日本政府提出，到 2020 年，受益于生产效率和流通效率的提高，其农作物出口额有望增长至 1 万亿日元，同时农业物联网将达到 580 亿至 600 亿日元规模，农业云端计算技术的运用占农业市场的 75%。此外日本政府还计划在 10 年内以农业物联网为信息主体源，普及农用机器人，预计 2020 年农用机器人的市场规模将达到 50 亿日元。

20 世纪 90 年代，日本专家率先提出"第六产业"的概念，其实质就是推进一二三产业的融合发展。近年来，日本积极探索加快"第六产业"发展，并通过促进产业融合来增加农产品的附加价值，大大提高了其农业的现代化水平。日本推进农村产业融合发展的经验，很值得我国研究和借鉴。

（五）农业管理体系与政策

1. 农业管理体系

日本农林水产省，简称农水省，主管日本的农业、林业、水产行业行政事务，其首长是农林水产大臣。组织机构由内部部局、审议会、施设等机关、特别的机关、地方支分部局和外局构成。其中，内部部局由大臣官房、总合食料局、消费安全局、生产局、经营局和农村振兴局构成，审议会下设农业资材审议会、食物·农业·农村政策审议会、兽医事审议会、农林渔业保险审查会、独立行政法人评价委员会和农林物资规格调查会六个部门，施设等机关包括植物防疫所、那霸植物防疫事务所、动物检疫所、动物医药品检查所、农林水产研修所和农林水产政策研究所，特别的机关指的是农林水产技术会议，地方支分部局由地方农政局、北海道农政事务所和北海道统计情报事务所构成，外局由林野厅和水产厅构成。

2. 农业支持政策

日本属于东亚小农国家，人多地少，是世界上主要的农产品进口国之一。日本粮食自给率水平较低，1997 年以来一直低于 40%，因此，日本政府十分重视粮食安全问题。近几十年来，日本政府对农业的支出也不断增加。1990 年、2000 年、2010 年和 2012 年，日本政府在农业方面的支出占总支出的比例分别为 1.6%、1.4%、1.7% 和 2.0%。由于日本农业人地矛盾突出，人均资源匮乏，国内农产品价格普遍高于国际市场价格。为了促进日本农业的持续稳定发展，日本政府一直实行着高补贴和高关税政策。日本农业支持和保护政策包括农产品价格支持政策、农协发展支持政策、收入补贴政策、稻作经营安定支持政策和一般性支持政策。在农业贸易方面，日本长期以来以保证国家粮食安全为根本，采取进口数量限额、高关税以及技术性贸易壁垒等多种措施控制农产品进口。

3. 农业发展规划

2015年3月，日本发布了新的《食品、农业与农村地区基本规划》，该规划每5年更新一次，本次规划体现了安倍政府在农业方面的主张，包括两个方面，即保持和发展农村、农业的多样性，以及促进农业向增长型行业转变。主要内容包括实施土地银行制度，即有出租意愿的农户将土地租给土地银行，再由土地银行租给求租的个人和公司，以适应农村人口老龄化和劳动力减少的形势；调低粮食自给率预期；调整大米政策；提高农民和农村地区收入水平。

三、农业投资环境

日本负责商务事务的政府体系主要由经济产业省、海关、商检、财务省和日本银行构成，此外，农林水产省负责一部分农产品进出口贸易的管理职能，国土交通省负责物流、建筑行业等管理职能。

日本经济产业省（METI）是日本政府管理贸易、经济、市场流通的主要部门，简称经产省，由原通商产业省改组而成，其主要职能是从宏观、微观两个方面推进经济结构改革；振兴地区经济产业发展；建立适应多层化的对外经济关系体制；制定新的产业政策和技术政策；保障能源的稳定供给、负责原子能和相关产业的安全管理；扶持中小企业发展等。经产省设大臣一名，大臣下设两名副大臣和两名政务次官、一名事务次官和一名经济产业审议官。其内设机构包括经济产业政策局、通商政策局、贸易经济协作局、产业技术环境局、制造产业局和商务情报政策局。日本的海关为财务省下属部门，其主要工作是管理进出口的货物、船舶、飞机、旅客以及关税的征收。海关依据《出口贸易管理令》和《进口贸易管理令》，对经产省和外汇银行对外贸活动的审批进行确认。日本的商检部门为厚生劳动省的下属部门。日本财务省在贸易管理方面的职能主要是指定结算货币和结算条件、对贸易活动的结算方式进行审批和确认、对具有支付手段性质的货物（贵金属、货币等）的进出口进行审批等。日本银行是日本的中央银行，负责某些进出口贸易的审查、审批等，并负责编制有关统计。

（一）国家商业环境

世界银行集团（WBG）发布的《2017年营商环境报告》显示，日本在"破产处理"方面世界排名第 2 位，"电力供给"方面排名第 15 位，"创业简便性"方面排名第 89 位，"资金融通"方面排名第 82 位，"税金支付"方面排名第 70 位，日本营商便利度的综合世界排名是第 34 位，相比去年下降两名，与安倍政权提出的"2020 年前要在全球商业环境排名中进入发达国家前三位"的目标背道而驰，制度的柔性管理是日本商业环境面临的待解课题。世界经济论坛发布的《2017—2018 全球竞争力排名》显示，日本位列第 9 名，中国是第 27 名，这份报告的重要程度在于它是衡量世界各经济体促进生产力发展和经济繁荣程度的重要参考指标。

1. 经济形势向好

2016 年，日本四个季度的实际 GDP 增长率分别为 2.3%、1.8%、1.4% 和 1.0%，均为正增长，这是近几年来少有的现象，经济持续回温好转，加上整个世界经济形势的复苏，日本的内需和外需形势均趋于好转。由于提高消费税率的时间被再次推迟至 2019 年 10 月，国内经济将趋于稳定，2017 年日本经济持续温和复苏，经济增长率与 2016 年持平。由于中国经济趋稳、人工费上涨缓慢以及中日政治关系得到缓慢改善等原因，2016 年的中日经济关系出现了回暖的兆头，双边贸易和日本对华直接投资虽然仍为负增长，但降幅明显收窄，特别是中国对日直接投资出现了突破性的高增长，而且中国增持日本国债猛增至 11 万亿日元。2017 年是中日邦交正常化 45 周年，2018 年是《中日和平友好条约》签署 40 周年，相信中日关系还有可能继续改善，双边经贸合作也将随之出现更积极的变化。

2. 安倍政府外资政策的调整

为改变日本吸引外资长期低迷的现状，安倍政府进行了一系列外资政策的调整，以实现吸引外资翻倍的目标。这些政策包括：一是创设国家战略特区，集中推进规制改革。在特区内放宽能源、农业、医疗、雇佣等领域的限制，促进海外企业的参与。二是进行税制改革，削减企业法人税。政府承诺在数年间争取将企业法人税率下调至 20%～30%。实际法人税率的下调意味着商务成本的降低，或可产生促进对日投资的效果。三是以 JETRO 作为对日投资的重要平台。JETRO 成立了"对日投资商务支援中心"，为对日投资感兴趣的外国企业免费提供包括日本市场信息、资料、临时办公室等在内的一条龙服务。四是完善与外国投资者进入和居住相关的制度，日本政府 2015 年 4 月修订了"高级人才积分制"，大幅降低永久居留资格申请门槛，以吸纳更多高级人才。五是政府还将在税务、法务、签证等领域建立更加高效便捷的市场准入制度，打造更好的营商环境。

（二）农业优势与潜力

日本属于太平洋上的一个岛国，人地矛盾突出，中国也面临着同样的问题，因此日本农业发展模式值得我国借鉴和学习。一是日本农业社会化分工明确，各个地区优势产品不同。日本的农民都是专业户，一般农户只生产 1～2 个品种，农产品商品率极高，一个地区有一个地区的产业特色，优势互补，相互依存，共同构建起了日本农业经济的整体框架。二是注重土壤保护。先进的生产设施对土壤的保护和土质的优化起到了十分重要的作用，绝大多数农田在田垄下都埋有水管，土地干旱时打开水龙头就可灌溉。三是日本农业生产模式先进，管理细致，有"观光农业"和"旅游农业"的称号。四是选择优势品种，不断研发新品种等。农业是一个国家的基础产业，关键在于改变传统的农业生产方式，不断提高农民的素质，努力提高农业的科技化、现代化、规模化和集约化水平。

（三）风险分析

1. 经济因素

2010 年，中国超越日本成为仅次于美国的世界第二大经济体。一方面，目前经济全球化是世界的主流，各国都在寻求新的发展路径，归根结底，一切竞争的背后，还是经济实力与科技实力的较量。中国经济发展之快，令日本充满了危机感和紧迫感。当前世界经济形势变化莫测，英国脱欧以及美国特朗普政府退出 TPP，中国经济的结构调整还将继续，日本经济也需要适应其"老龄少子化"的形势进行调整，不确定因素增加，这些势必都会给中日经贸合作带来负面影响，双边经济合作前景难以预计。

2. 历史因素

中日两国是隔海相望的近邻，有长达两千多年的悠久交流史，但对历史问题的认识一直是中日两国之间的敏感问题，这势必会阻碍中日关系的健康发展。

3. 自然因素

日本位于亚欧大陆东部、太平洋西北部，是一个多山的岛国，山地成脊状分布于日本的中央，将日本的国土分割为太平洋一侧和日本海一侧。日本群岛地处位于亚欧板块和太平洋板块的交界地带，即环太平洋火山地震带，火山、地震活动频繁，危害较大的地震平均 3 年就要发生 1 次。因此，在日本进行投资与合作，首先要考虑的自然风险问题就是地震。

4. 制度因素

日本是一个法律制度比较完善的国家，如果能够成功进入其农业领域进行投资，投资者一般都会得到日本比较好的法律保护，制度风险比较小。但前提条件是，能够跨入日本农业投资的门槛。由于日本政府极度重视本国农业，制定了一系列措施来保护本国农业，外国投资者跨入日本农业投资的门槛非常高。

（四）总体评价

中国企业对日投资呈现为投资存量小、流量大，非制造业占主导，并构件数少、规模小，投资短期倾向性强，双向非对称性投资等特点，这些特征的形成与中日双方在营商环境、定位偏差、技术因素、政策因素等方面存在一系列困难与挑战相关。近些年来，这些阻碍因素都不同程度地发生了积极的改变，使中国对日直接投资迎来难得的历史机遇期。中日双方应以各自对外政策的重大调整为契机，推进优势互补型投资，以实现中日双方的互利共赢。

四、中日农业合作现状与合作重点

（一）合作现状

中日两国合作历史源远流长，有着两千多年的交往历史。中日作为当今世界颇具影响力的两个大国，当前两国关系再次步入拐点期，历史经验证明，中日两国的友好往来促进了两国的经济发展，并且为世界和谐稳定，经济一体化做出了重大贡献。"一带一路"政策将为中日深化合作提供更大的新舞台和更佳的试验场。农业问题是目前任何一个国家都在面临的问题，是时代不可或缺的产业之一，2017年是中日邦交正常化45周年，2018年是《中日和平友好条约》签署40周年，相信中日两国农业合作与交流也将步入崭新的阶段。

1. 合作机制

中日两国农业发展形势趋同，合作潜力大。中日韩三国作为地区的重要经济体和贸易大国，三方通过中日韩经贸部长会、东亚峰会国家经贸部长会、东盟—中日韩（10+3）经贸部长会等合作机制保持良好沟通，努力积聚经贸领域合作成果，推动中日韩自贸协定谈判、泛黄海中日韩经济技术合作等不断向前发展，为构建亚太经济一体化格局、促进地区和平稳定发展发挥了积极作用。

2. 科技合作

中日两国隔海相望，文化相通，均属于人多地少的国家，日本大量的实用技术非常适合中国市场，中日农业科技合作历史更是源远流长。1974年，日本石本正一先生向中国传授地膜覆盖和园艺技术，随后在中国26个省市、自治区指导和培训，并实施多项中日间重大科技合作项目。日本著名水稻专家原正市为中国水稻旱育稀植栽培技术的发展做出了重要贡献，推动了中国"三北"地区水稻产量的增加，并为中国培养了一批专业型的水稻技术推广人才。1995年，中国政府和日本政府首脑提出在中国建立"中日农业技术研究发展中心"

的构想，将中日农业科技合作与交流提高到了一个新的水平。改革开放以来，中日两国在农业科技领域的交流十分活跃，水稻抛秧技术和旱育稀植技术等先后从日本引进中国。特别是自1997年农业部与日本农林水产省签署了农业科技合作协议以后，中国农业科学院和日本国际农林水产业研究中心在长达20年的密切合作中，在农业资源高效利用、环境友好型农业经营系统构建与评估、农业高附加值产业链研究等领域展开了广泛的合作与交流，取得了一系列卓越的科研成果，为推进农业绿色生态化与可持续发展提供技术支撑、制度与政策方案，同时搭建起一系列合作共建科研平台。2003年，日本著名农林类院校早稻田大学和中国的北京大学设立了"早稻田大学—北京大学共同教育研究管理机构"，两校在产学研方面开展合作。2004年，早稻田大学与江苏省苏州中学签订协议，将苏州中学提定为早稻田大学的生源基地。2005年，日本早稻田大学国际教养学部和北京大学国际关系学院将相互承认学分，中日双方院校就人才培养展开合作。20世纪80年代中日科技合作迎来高潮，知名的中日JICA渠道技术合作就诞生于此时。迄今为止，通过JICA渠道落实各类合作项目560多项，日方派遣专家近万人，中方赴日技术培训35000多人次。近年来，随着中国经济、技术飞速发展，中日科技合作迎来了新机遇，2014年，日本科技振兴机构启动了中日青少年科技交流计划。2016年，中华人民共和国科学技术部也启动了该计划。

中日两国在农业和农业科技方面具有较强的互补性和借鉴示范作用，为两国农业科技合作与交流奠定了坚实的基础。一方面，日本在一些农业科学技术领域的创新成果可以为我国农业科技发展提供典型经验和借鉴。特别是自20世纪70年代以来，日本运用先进的科学技术建造植物工厂，为资源缺乏型国家的农业可持续发展树立了典范；日本的农产品生产基本实现了机械化和标准化，生产过程更加关注产地环境的保护，生产结果更多地注重品质和商品价值；日本农产品实现了采后处理规范化和物流运输冷链化；大大降低了农产品损耗。

3. 贸易合作

经贸关系是两国关系的压舱石、稳定器，中日经贸关系也是全球经济化的重要一环。中日建交45年来，在双方的共同努力下，两国经贸合作取得了长足发展，已由单纯的货物贸易发展为货物与服务贸易、相互投资、技术合作、金融合作、人员交流并举的全方位深层次合作。中日两国在经贸结构上有着较大的互补性，目前中日双方互为重要的贸易伙伴。日本是创新大国，制造业强国，双方将在智能制造、节能环保等领域打造新的合作契机与亮点，推进中日产业合作不断向价值链延伸，实现转型发展。

在过去的40多年里，中日关系历经风雨，但双边经济合作一直维持着比较健康的发展。2012—2016年连续五年的时间中日双边贸易额都呈负增长，2016年的中日双边贸易增

长率为 -1.3%，但与 2015 年的 -10.8% 相比，贸易降幅明显收窄。具体来看，2016 年，中日贸易额为 2747.9 亿美元，其中对日出口 1292.6 亿美元，下降 4.7%；从日进口 1455.3 亿美元，增长 1.8%。中国对日本的贸易逆差为 162.65 亿美元，比上年增长 1.2 倍。日本居美国之后，是中国第二大贸易伙伴国。2016 年，日中贸易总额为 29.38 万亿日元，与上年相比减少 10.0%，日本对华出口下降 6.5%，自华进口增长 12.4%，中国仍为日本第一大贸易国，日中贸易占日本对外贸易比重高达 21.6%。

据日本财务省统计 2016 年，日本对华出口降幅较大的产品主要有：科学光学仪器下降 19.6%，有机化合物下降 20.7%，钢铁下降 15.9%。这也反映出中国经济减速，在供给侧结构性改革过程中，去产能特别是收缩钢铁产业投资规模以及减少日本精密仪器设备进口的实际情况。日本从中国进口的商品中降幅较大的有：服装类产品减少 16.6%，原动机、电子计算机及外围设备、半导体等电子零部件合计减少 12.3%。这反映出日本初级产业向东南亚转移，中日间加工贸易合作继续萎缩的实际情况。中日贸易已连续出现五年的负增长，这是自中日邦交正常化以来未曾有过的严峻局面，这自然是经济因素和政治因素相互叠加作用的结果，对双方经济发展所带来的负面影响不言自明，好在 2016 年的降幅远远低于 2015 年，总算能使人们看到中日贸易得以改善的一缕曙光。2016 年中日贸易形势虽然相对好一些，但仍然处在负增长状态，这与世界经济下行，特别是世界贸易的疲软有直接关系，当然，也与中国经济减速和中日关系改善缓慢有密切关系。另外，中日贸易的持续下降也与中日贸易关系的成熟化有关，从经济学理论来看，效用递减规律也在发生作用。多种因素交织在一起，加大了解决问题的难度。

4．投资合作

日本从 1979 年开始对中国进行直接投资，到目前为止出现过四次高潮，其实际到位金额的峰值大体出现在 1986 年、1995 年、2005 年和 2012 年，差不多十年为一个周期。2012 年日本对华直接投资额高达 73.8 亿美元，然而在经济、政治等原因的共同作用下，2013 年日本对华直接投资开始出现 4.3% 的负增长，据日方统计，2013 年日本对东盟的投资为对华投资的 2 倍多。2014 年中日关系虽稍有缓和，但由于投资惯性的作用，日本对华直接投资出现 38.8% 的自由落体式下降，2015 年继续下降 25.8%，2016 年持续下降至 31.1 亿美元，倒退到 20 年前（1995 年为 31.5 亿美元）的水平以下。日本对华新增直接投资四年连续下降，是 1979 年日本开始对中国进行直接投资以来尚属首次。日本对华直接投资之所以连续减少，其原因是多方面的。从经济方面来看主要有以下几点原因：一是日元贬值而人民币升值，增加了日企的投资成本，从而导致日本投资企业竞争力下降；二是中国经济减速而劳动力、土地、房租等成本持续上升；三是中国国内企业迅速成长，中国市场竞争越发激烈。

《2017年世界投资报告》显示，中国对外投资进入了高速增长阶段。2016年对外投资飙升44%，达到1830亿美元。其中，2016年中国对日本投资流量为3.44亿美元，同比增长43.3%。中国首次成为全球第二大对外投资国，吸引外资增加了36%。中国还一跃成为最不发达国家的最大投资国，投资额是排名第2位国家的3倍。随着"一带一路"和国际产能合作的推进，2017年中国对外投资仍保持了快速增长，且继续高于吸收外资。

（二）合作潜力

中日两国属于当今世界大国，同时两国处于不同发展阶段，互补性强，互为重要的合作伙伴，合作潜力很大。中日双方应加强两国在农业领域的相互了解，不断深化两国在农业领域的交流合作关系，推动中日农业实现优势互补和互利共赢。

1. 合作基础

农业涉及国家的发展和人民的利益，开展农业合作，建立良好的农业合作关系，有利于提高两国的农业科技水平，增强粮食生产能力，促进农产品贸易发展。中日两国在农业科技合作方面基础深厚，水稻抛秧技术和旱育稀植技术等先后从日本引进中国，尤其是自1997年农业部与日本农林水产省签署《农业科技合作协议》以后，中日两国在农业科技领域交流越加频繁。目前，中日农业合作已经具备了良好的基础和条件，可以利用东盟与中日韩（10+3）、APEC、CGIAR等平台开展积极有效的合作。

2. 合作前景

虽然中日两国的合作存在政治、经济、历史风险等因素，但双方在农业合作方面合作前景广阔。中国是世界上主要的农业大国，尽管农业资源丰富，但同时也是世界上的人口大国，人均农业资源占有量处于比较低的水平。推动国内农业发展、解决农业、农村和农民"三农"问题依旧是中国所面临的主要问题之一，这需要中国在农业生产经营体系、农业生产技术等方面做出变革。从人均农业资源拥有情况来看，日本农业发展所面临的情况与中国农业发展所面临的问题相类似，日本优秀的农业生产经验和技术值得中国借鉴和学习。相较于中国，日本农业资源处于劣势。日本每年需要从国际市场进口大量国内所需的钢铁、煤炭等工业和能源产品以及蔬菜、水产品、豆粕等农业产品。而中国则是世界上主要的蔬菜、水产品、豆粕生产大国，在生产资源上具有优势，可以满足日本国内市场对农产品的需求，中国和日本两国在农产品贸易等领域合作前景广阔。随着中国经济、技术飞速发展，中日科技合作迎来了新机遇，中日对粮食的需求都较大，双方在农业方面展开科技合作，是解决粮食问题的重要手段，有助于推动双方农业科技的发展，提高粮食产量和农业生产水平。

（三）合作重点

1. 重点领域

（1）农业技术合作

在近二十年的密切合作中，中日两国在农业资源高效利用、环境友好型农业经营体系的构建与评估、农业高附加值产业链研究等领域开展了广泛的合作与交流，取得了一系列卓越的科研成果，为推进绿色生态农业与可持续发展提供了技术支撑、制度与政策方案。在第十七届东盟与中日韩（10+3）部长会议上提出了，要加强物流领域的合作。近几年来，中国发展速度惊人，技术取得了很大的进步，日本一直走在技术的前列，双方应加强在物联网技术、农业机械、机器人等领域的交流与合作，互利互惠，促进双方的共同发展。

（2）农业投资规模

近年来，由于中国廉价劳动力优势不再，产业结构调整与转型等因素影响，日本作为中国的投资方，对华投资规模不断下降，投资重点转向了东南亚等国家。相反，中国对外投资进入了高速增长阶段，对日本投资额不断增加。目前，双方的经济结构都属于调整期，应抓住机会，在高新技术领域加大投资合作，实现互利共赢。

（3）农产品贸易

中日两国农产品进出口结构互补，因此应扩大两国的农产品贸易规模。双方可以利用北美自由贸易协定（FTA）等平台，在进出口关税、价格、配额等方面签订一系列的贸易协定，给予对方一定的优惠和福利，以此扩大农产品进出口规模，进一步深化合作。

2. 重点产业

（1）产业布局

基于美国和澳大利亚都优先与中国进行自由贸易协定的谈判（FTA）、中国成为仅次于美国的世界第二大经济体这一大背景下，预计今后中日两国GDP增长趋势将会持续加大。日本应站在为促进农产品、农业劳动、农业资本跨国间移动的立场上，采取积极的国际化策略。二战后，主要发达国家由净进口国转变为净出口国，虽然日本属于发达国家，但它却是农产品进口国。从粮食供应安全方面考虑，今后必然要加深与地理上相近、且饮食文化相近的亚洲国家的合作。

在亚洲各地建立农业产业基地，各国之间在建立相互信赖关系的同时，加强农产品之间的互相流通。面临国际化、全球化这样一个时代背景，日本应倾全力开发高品质、营养价值高、口感好的农产品，并将之与饮食文化一起向海外输出。要生产高品质的农作物，先进的农业技术是不可缺少的，需要先进的灌溉排水设施、贮藏和流通设备。包括中国在内的许多亚洲邻近国家正处于经济高速发展的时期，加强双方之间的合作，有助于活跃区域经济和国与国之间的交流。

（2）产品

根据日本农产品生产现状和条件优势，可考虑在茶叶、水稻、蔬菜、瓜果和花卉等种植业领域进行合作。日本是世界茶叶主要生产国、出口国和消费国之一，生产的茶叶中超过九成都是绿茶。中日双方在茶叶领域的合作也将是产业合作中重要的一环，无论是在茶叶种植、茶叶深加工、茶叶文化交流，还是市场拓展等方面，都有很大的合作空间，意义重大。日本一直高度重视农产品的补贴，2014年，日本农林水产省在年度补充预算中，对水稻稀疏栽培、免耕移植栽培、热水种子消毒、侧条施肥等进行资金支持。2017年，日本的侧条施肥技术在宁夏地区成熟应用。今后，中日双方可以在水稻种植等方面开展更多及更深入的交流合作。随着科技的发展和花卉行业的激烈竞争，日本花卉专家不断推出新法育花，采用电脑养花、培育生物花、用配方液、平菇废料、新型耐久剂和保鲜花瓶养花等。新式养花技术不断推陈出新，随着人民生活水平的提高，对花卉的需求也将不断增加，未来中日双方可相互借鉴，促进花卉行业的发展。

（3）项目合作

基于中日之间的农业合作，应以"推动我国农业科技水平的提高，提高我国农业生产效率"为合作目标，充分利用日本所拥有的优势资源。双方之间的农业合作项目应该集中于以下三方面。

第一个重点项目，小型农机。受制于狭小的农业生产规模、有限的农业资源、农业劳动力减少等问题，为了推动国内农业发展，日本农业充分结合其在汽车制造业、电子电器产业方面的优势，大力发展小型农机，其在小型农业生产技术方面的技术和实力是中国企业目前所不能比拟的。目前，日本在农田耕种方面已基本上实现了全机械化作业，更多的农户通过委托出让农地使用权，使农业规模化经营成为可能。而中国云南、贵州、四川、广西等西南地区的农业生产条件与日本的农业生产条件类似，均呈现出土地规模小、农业资源有限、农业劳动力逐步减少等问题，充分挖掘这些地区的农业生产潜力需要先进的农业生产设备和生产技术，这正是日本所拥有的。因此，小型农机应成为中日合作的重点领域之一。

第二个重点项目，设施农业。虽然中国是日光温室的发源地，但日本设施农业的科技含金量要远高于中国的设施农业。当然，这与日本在电子电器等领域的优势是离不开的。目前，中国的设施农业生产技术仍待进一步发展。中日之间可以在这一领域展开合作，以日本的优势技术弥补中国的技术短板。

第三个重点项目，蔬菜育种。尽管日本在玉米等大田作物育种方面不具有优势，但其在蔬菜种子方面却积累了丰富的经验和技术。

五、中日农业合作建议

（一）加强民间主体合作，以此带动政府合作

中日两国一直是"政冷经热"，双方可以通过民间组织、科研机构、企业的友好合作，鼓励科研机构在以往的合作基础上深化与日本的科研合作，加快输出，鼓励企业有序审慎开拓日本农业贸易投资市场，逐步建立和完善双边经贸合作机制。带动政府及领导间的对话，使双边合作上升到新的高度。

（二）构建合作服务平台，深化中日农业合作

构建合作服务平台，加强信息沟通与交流，立足中日两国农业合作发展现状和实际需求，发挥两国政府、商会、行业协会、企业等组织在双边合作中的作用，推进具体合作项目的实施；定期开办中国与日本农业博览会、展销会、洽谈会等活动，双方积极对话，开展在多个领域的多种形式的投资合作活动，为双方的友好往来构建平台，提供便利服务。

（三）努力提升中国农产品竞争力

由于日本对本国农业的严格保护制度和对国外产品苛刻的进口政策，中国应提高产品竞争力来保证和扩大对其农产品出口。提高产品竞争力，一方面包括产品本身的优质性，我们应提高科技水平，减少化肥等化学产品的残留度，使产品质量产生质的飞跃；另一方面是提高产品的市场竞争力，扶持龙头企业，创建自主品牌，有计划有步骤地推进、加快开拓农产品市场的步伐，加强各个地区、政府、企业的组织协调，形成合力，利用规模优势，有序竞争。

（四）创新为双边经贸合作注入新动力

中日两国均处于产业结构调整的关键期，在创新领域合作潜力巨大。当前，中日科技合作已经形成了政府和企业并举的局面。一方面，政府间的科技合作取得积极进展，特别是在能源和环境等方面进入新阶段；另一方面，在市场引导下，中日企业间的技术引进、转移和合作不断增加。建议中日之间加强农业高新技术产业合作。

参考文献

日本内阁府.2018.国民经济计算［EB/OL］. http://www.esri.cao.go.jp/jp/sna/menu.html.
日本农林水产省.2018.农林畜水产统计资料［EB/OL］. http://www.maff.go.jp/j/tokei/index.html.
日本总务省.2018.人口推计［EB/OL］. http://www.maff.go.jp/j/tokei/index.html.

韩 国

韩国是亚洲国家，是亚太经济合作组织（APEC）、世界贸易组织（WTO）和东亚峰会（EAS）的创始成员国之一，也是经济合作与发展组织（OECD）、二十国集团（G20）和联合国（UN）等重要国际组织的成员。1997年亚洲金融危机后，韩国经济进入中速增长期，政治稳定性较高，投资环境较好。中国和韩国地理上比邻而居，文化上相近，同时，在农业资源、农业产业化发展程度等方面存在差异，这使得两国既相似又互补，长期以来在农业科技、农产品贸易等领域一直保持着紧密的合作关系。中韩两国友好的政治关系、不断完善的农业合作机制以及多年的农业合作经验都为两国农业合作提供了良好的合作环境和合作基础。中韩两国丰富的农业资源、领先的农业科技成果、巨大的消费空间将为两国的农业合作带来机遇。

一、国家基本概况

（一）地理区划

大韩民国简称韩国，位于亚洲大陆东北部朝鲜半岛的南段，自北向南延伸，全长1100千米，总面积约10万平方千米（占朝鲜半岛总面积的45.0%）。韩国三面环海，西临黄海，与中国隔海相望，东南是朝鲜海峡，东部是日本海，东部和东南部与日本隔海为邻，北部与朝鲜民主主义人民共和国接壤，是典型的半岛国家。

韩国首都为首尔特别市（简称首尔，全书同），其他一级行政区还包括世宗特别自治市、釜山广域市、大邱广域市、仁川广域市、光州广域市、大田广域市、蔚山广域市、济州特别自治道、京畿道、江原道、忠清北道、忠清南道、全罗北道、全罗南道、庆尚北道和庆尚南道等共17个行政单位。

（二）人口构成

根据韩国行政安全部2017年发布的统计数据，2017年韩国总人口达到5.18亿人，绝大多数人口为韩民族。韩国的人口密度较高，按国土交通部发布的2017年国土面积10.03万平方千米计算，每平方千米约515人，远高于中国的每平方千米143人（2015年）。其中约985.7万人口居住于首尔，占韩国总人口数的19%，此外人口密集城市有釜山347.1万人、仁川294.9万人、大邱247.5万人、大田150.2万人、光州146.4万人、蔚山116.5万人等，人口大多集中在经济发达的地区。

韩国人口有持续小幅度增长趋势，但是韩国的农业人口呈持续减少趋势。2003—2016年，韩国总人口一直保持增长趋势，从4789万人增至5125万人，增幅为6.5%，同期，农业人口却趋于减少，从353万人减少到249.6万人，减幅为2.9%，农业人口在总人口中占的比重从 7.4% 降至 4.9%（表 1）。

2016 年，经济活动人口占总人口比重 53.2%，失业率为 3.7%，低于世界平均水平 5.8%。

表 1　2003—2016 年韩国人口数量及构成情况

年　份	人口数量 （万人）	经济活动人口 （万人）	农业人口 （万人）	农业人口占比 （%）	渔业人口 （万人）
2003	4789.2	2295.7	353.0	7.4	21.2
2004	4808.3	2341.7	341.5	7.1	29.9
2005	4818.5	2374.3	343.4	7.1	22.1
2006	4843.8	2397.8	330.4	6.8	21.2
2007	4868.4	2421.6	327.4	6.7	21.5
2008	4905.5	2434.7	318.7	6.5	19.2
2009	4930.8	2439.4	311.7	6.3	18.4
2010	4955.4	2474.8	306.3	6.2	17.1
2011	4993.7	2509.9	296.2	5.9	15.9
2012	5020.0	2550.1	291.2	5.8	15.3
2013	5042.9	2587.3	284.7	5.6	14.7
2014	5074.7	2653.6	275.2	5.4	14.1
2015	5101.5	2691.3	256.9	5.0	12.8
2016	5124.6	2724.7	249.6	4.9	12.6

数据来源：韩国农林畜产食品部，2018

人口老龄化是韩国社会面临的一个重要问题。2016 年，韩国 65 岁及以上人口为 662.4 万人，占总人口的 13.1%。韩国是一个重视教育的国家，教育是韩国从经济废墟中崛起的决定性因素。韩国人口受教育水平较高，对 6～16 岁的孩子实行免费义务教育，平均受教育年限为 12.3 年，高于世界平均水平的 11 年。

（三）政治制度

韩国政体为"民主共和制"，权利的分配实行"三权分立"的原则，其政府体制中总统的权力较大，是总统制国家。

行政权属总统。总统是国家元首、政府首脑和武装部队的最高司令，由全民直选产生，任期 5 年，不能连任，有任命、罢免国务总理、内阁长官、次官、驻外大使和宣布大赦的权力。总统主持由国务总理和各内阁部长组成的国务会议，负责决定、协调和处理国家政策及重大事项。直属总统的机构包括总统秘书室、国务会议、国家情报院、监察院、中央人事委员会、放送通信委员会等。

立法权属国会。主要职能包括：审议并通过或否决各项法案；审核和批准政府财政预算；检查政府工作；批准对外条约以及同意宣战或讲和、弹劾总统和主要政府官员、否决总统的紧急命令等。国会机构包括议长1人、副议长2人及各专门委员会。

司法权属大法院和大检察厅。大法院拥有终审权。大法院院长由总统任命，须征得国会同意，任期为6年，不得连任。大法院的法官则由大法院院长推荐，由总统委任。所有下级法院法官由大法院院长委任，但需征得大法院法官会议同意。韩国全国共有5个高等法院，受理对地方法院所作裁决提出的上诉。大检察厅厅长由总统任命，无须国会同意。大检察厅负责案件的立案、调查、起诉和抗诉等。

（四）经济和社会发展

联合国粮食及农业组织（FAO）公布的数据显示，2016年韩国国民生产总值（GDP）在亚洲国家地区中排名第4位，在世界排名第11位，人均GDP在亚洲国家地区中排名第8位，在世界排名第38位。2003—2016年，除因2007年受到金融危机等因素影响GDP和人均GDP连续两年出现负增长外，其余大部分年份GDP保持增长趋势，同期，人均GDP增速波动较大。2016年，韩国GDP为14112亿美元，人均GDP为2.75万美元，全年GDP增速为2.8%，与上一年持平（图1）。

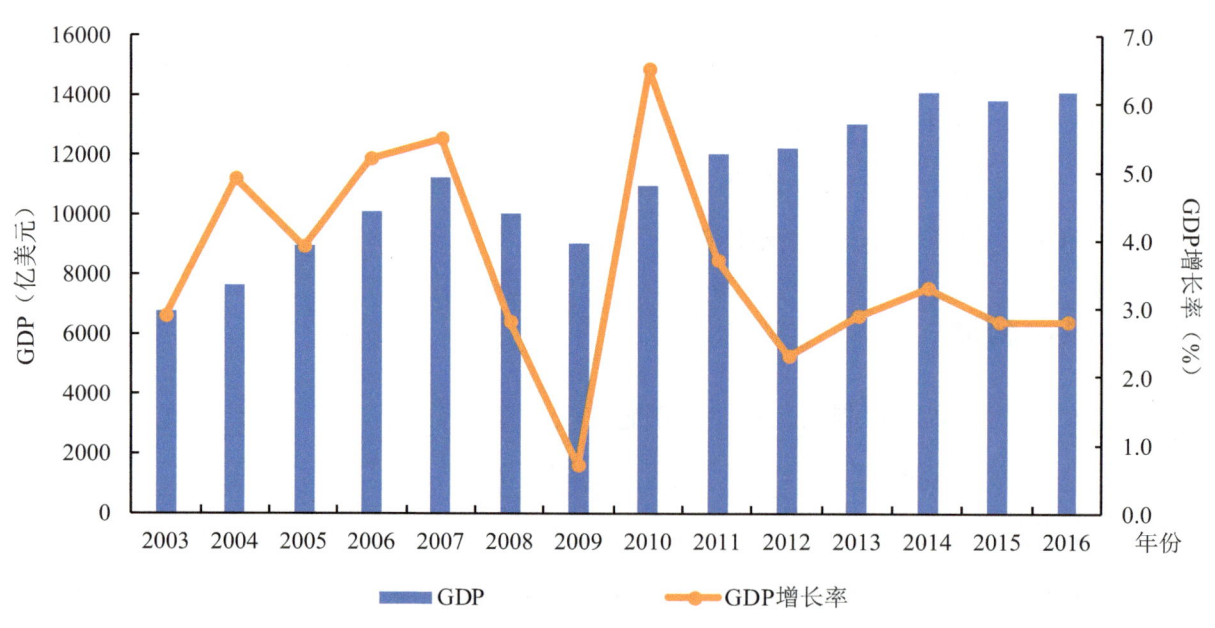

图1　2003—2016年韩国经济发展情况

数据来源：韩国银行，2018

根据韩国银行经济展望报告，韩国的经济由于受到世界经济的复苏、国内的出口及消费的恢复性发展等积极因素影响，2017年GDP增长率为3.1%，同比增长0.3%。世界经济复苏及IT产业发展迅猛为韩国企业创造了良好的发展条件，受此影响，2017年设备投资由同期的2.3%负增长转为14.3%的大幅增长（表2）。

表2 2017年韩国主要经济增长率指标情况　　　　　　　　　　　　　　　（单位：%）

GDP	居民消费	建设投资	设备投资	商品出口	商品进口
3.1	2.5	7.2	14.3	3.6	7.3

数据来源：韩国银行，2018

二、农业发展现状

韩国农业是韩国经济的基础产业，由种植业、畜牧业、林业和渔业组成。建国之初，韩国是个典型的农业国家，80%以上的人口从事农业生产。随着20世纪80年代开始的世界贸易自由化浪潮，韩国农业发生了巨大的变化。近几年，农业在国民经济中所占的比重越来越小，农业占GDP比重呈下降趋势，2016年仅为2.2%。

（一）农业资源条件

农业基础设施是保障农业健康发展的基础，韩国政府十分重视加强农业基础设施建设。随着各阶段农村建设运动的推进，其农村基础设施建设的重点也不断变化，农村基础设施及生活环境不断改善。在农村建设初期，韩国的农业政策主要集中在发展农业灌溉、排水、耕地整理等农业生产设施方面。从20世纪70年代初期开始，韩国政府新农村建设的重点转移到改善农民的生产和生活环境方面，基础设施建设也转向修建农村公路和桥梁、改善农村的饮水设施、实现农村电气化等方面。自2000年开始，韩国政府的农村建设重点以行政安全部主管的信息化村项目为中心，全国农村实现信息化普及和互联网基础设施建设，构建农村地区的网上交易系统，消除城乡间信息化差距，在引导农村居民信息生活化的同时促进农村地区经济。现阶段，韩国政府的农村建设重点是以高端技术提升农业及农产品的附加值，主要项目有发展农业6次产业、积极引导智慧农场建设等。

1. 土地资源

韩国国土交通部的统计数据显示，韩国国土面积约为10.03万平方千米。韩国气候条件多样，山地面积大，山地、丘陵和平原交错分布，平原主要分布于南部和西部，海拔多在200米以下，最著名的是黄海沿岸的汉江平原。韩国河流较多，淡水资源相对丰富，最长河流分别为洛东江和汉江。

2016年,韩国农业用地164.4万公顷,比2015年减少3.5万公顷,其中水田89.6万公顷,旱地74.8万公顷,农业用地占国土总面积的16.4%,人均农业用地为0.03公顷。韩国山林面积达633.5万公顷,约占国土总面积的63.1%,森林资源在国民经济中占有重要位置,全国树种多达5000多种(表3)。

表3 2003—2016年韩国土地资源情况

年度	国土面积(万公顷)	农业用地				森林面积		人均农业用地面积(公顷)
		总计(万公顷)	占比(%)	水田(万公顷)	旱田(万公顷)	总计(万公顷)	占比(%)	
2003	996.0	184.6	18.5	112.7	71.9	640.6	64.3	0.039
2004	996.2	183.6	18.4	111.5	72.1	640.0	64.3	0.038
2005	996.5	182.4	18.3	110.5	71.9	639.4	64.2	0.038
2006	996.8	180.0	18.1	108.4	71.6	638.9	64.1	0.037
2007	997.2	178.2	17.9	107.0	71.2	638.2	64.0	0.037
2008	998.3	175.9	17.6	104.6	71.3	637.5	63.9	0.036
2009	999.0	173.7	17.4	101.0	72.7	637.0	63.8	0.035
2010	1000.3	171.5	17.1	98.4	73.1	636.9	63.7	0.035
2011	1001.5	169.8	17.0	96.0	73.8	636.9	63.7	0.034
2012	1001.9	173.0	17.3	96.6	76.4	636.9	63.6	0.034
2013	1002.7	171.1	17.1	96.4	74.8	636.9	63.5	0.034
2014	1002.8	169.1	16.9	93.4	75.7	636.9	63.5	0.033
2015	1003.0	167.9	16.7	908	77.1	633.5	63.2	0.033
2016	1003.4	164.4	16.4	89.6	74.8	633.5	63.1	0.032

数据来源:韩国农林畜产食品部,2018

2. 水资源和气候资源

韩国河流较多,淡水资源相对丰富,最长河流分别为洛东江和汉江。韩国平均年降水量为1283毫米,大约为世界平均值的1.3倍。然而,人均水资源仅为2705立方米,是世界平均水平的14%,人均每年可使用国内水资源总量为1550立方米,占世界人均水资源占有量的1/6,属于联合国指定的"水量不足国家"。韩国的水库、蓄水池和水塘很少,只能勉强利用雨水总量的27%。韩国降水时空分布不均,年降水量的2/3集中在6—9月的雨季,只有1/5的降水分布在11月到次年4月。区域间的降水量最大差为每年500毫米,其中庆尚北道降水量最少,年平均为1000毫米,而南海降水量最多,为1689毫米。

韩国水利基础设施良好。由于韩国降水多集中在雨季,河道流量变化较快,所以多用大坝及其他水利工程来控制水资源存储和流量。目前，韩国水资源公社已经运营和维护了17个水坝、14座供水专用大坝等，保证水存储和排放能力，防洪能力占国内防洪能力的95%（49亿吨），供水能力为国内总供水量的66%（124亿吨）。

韩国北部属温带季风气候，南部属亚热带气候，海洋性特征显著。韩国四季明显，各地区间差异较大。冬季漫长寒冷，夏季炎热潮湿，春秋两季相当短。冬季最低气温达-12℃，夏季最高气温可达37℃，年平均气温是7～14℃。韩国属较为湿润地区，年平均降水量1500毫米左右，降雨量最少的庆尚北道地区的年平均降雨量为1000～1200毫米，降雨量最多的济州岛与庆尚南道南海岸地区的降雨量达1500～1900毫米，其中6—8月降雨量较大，占全年降雨量的70%。

3. 生物资源

韩国有丰富的生态系统，所有的生态系统皆围绕一个森林生态系统而形成。它有一个范围广泛的栖息地环境，有从暖温带延伸到北极区的种类繁多的植被、开发的海岸线、季候风、成百上千的岛屿。其结果是，韩国与其他温带国家相比，成为一个相对于其狭小的陆地面积而言具有较高生物多样性的国家。

据韩国环境部统计数据显示，截至2017年，韩国记录在册的生物种类共有4.90万种，包括7782种植物，1984种脊椎动物，8948种无脊椎动物和17593种昆虫类。其中，有2243种为原生生物类。

截至2014年，韩国固有生物种类有2253种，占拥有生物种类的4.97%，多达2167个外来物种（334种植物和1833种动物物种）已被自然或人为地传入韩国。在未来，进入韩国的外来生物预计将继续增加，韩国正在制定法律控制外来物种入侵的后续管理。韩国的濒危野生动物有246种（51种属于极度濒危类，195种属于濒危类），其中哺乳动物20种，鸟类61种，两栖类7种，鱼类25种，昆虫22种，无脊椎动物31种，植物77种，海藻类2种，高等真菌1种（国家生物多样性中心，2016）。

（二）农业生产情况

韩国农业由种植业、畜牧业、林业和渔业组成。虽然种植业在农业生产中的比重逐年下降，但还是占主导地位。地理环境和气候条件赋予韩国丰富多样的农业生产环境，因此虽然国土面积有限，但生产的农作物较为丰富。韩国生产的主要农作物有水稻、大豆、大麦、薯类、油菜籽、蔬菜、水果等。同时受国土面积狭小等因素限制，设施农业生产比重较大，因此农产品生产成本较高。

在韩国，家畜饲养业是仅次于水稻生产的第2大农业产业，主要有猪、牛、羊、鸡等。

受国土狭小等因素限制，除了鸡肉和鸡蛋基本上可以保证自给外，牛肉、猪肉和牛奶每年都需要大量进口来满足国内市场的需求，国内畜产品消费对进口的依赖程度较高。

韩国农业不仅面临规模零碎、农业人口减少、高龄化等结构性问题，还受到接连出现的与农业国签订FTA、大米关税化等开放政策体制带来的各种压力。在此背景下，韩国的各项农业政策有着保护农业与务农人口利益的保守色彩。

1. 农业生产规模及构成

随着经济与工业化的发展，农林渔业在韩国的经济结构中所占的比重日益降低，1970年曾占国内生产总值的28.9%，之后持续下降，2016年农林渔业产值仅占国内生产总值的2.2%。2003—2016年，除2007年韩国受到金融危机整体经济下降环境影响，农林渔业产值也同时趋于减少态势外，农林渔业产值总体缓慢增长，但近两年有所减少。同期，农林渔业产值从238亿美元增加到310.4亿美元，而农林渔业产值占GDP比重从3.5%降至2.2%（图2）。

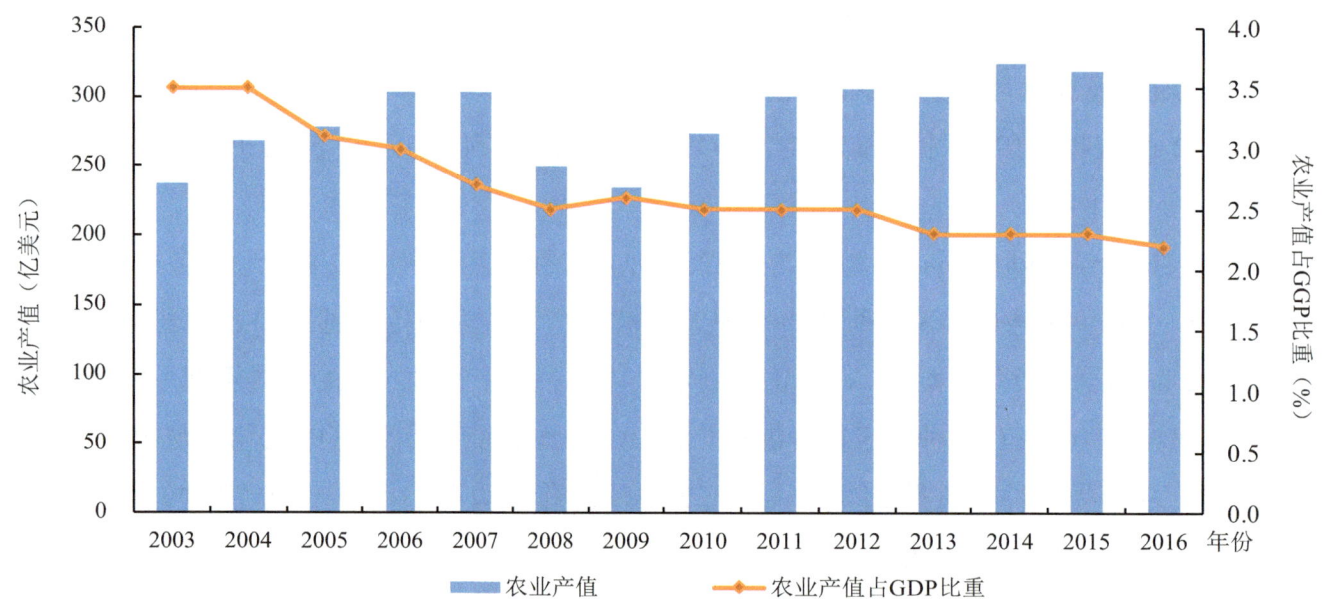

图2　2003—2016年韩国农林渔业产值及占GDP比重变化

数据来源：韩国农林畜产食品部，2018

农林业产值结构来看，农业产值中种植业的比重虽呈逐年减少趋势，但在农业产值中占比重还是最大。2008—2016年，种植业在农业总产值所占比重从68.2%降至59.4%，同期，畜牧业在农业产值中所占比重从31.8%增至40.5%。按照韩国农村经济研究院的展望数据来看，种植业将呈持续减少趋势，其中谷物的减幅将最大，蔬菜类和经济作物类趋于持续增长态势，畜产品将呈现持续增长趋势，其中鸭肉的增幅将很大（表4）。

表4 2008—2027年韩国农业产值及展望　　　　　　　　　（单位：万亿韩元）

项目	2008年	2010年	2012年	2014年	2016年	展望 2018年	展望 2022年	展望 2027年
农林业总产值	43.97	47.98	51.62	51.61	49.86	—	—	—
农业总产值	42.78	46.13	49.56	49.24	47.60	48.97	50.06	52.56
种植业	29.19	28.66	33.47	30.36	28.30	29.46	29.36	29.45
谷物类	11.15	8.53	10.60	9.90	8.06	8.26	7.68	6.65
蔬菜类	9.62	11.32	13.50	11.42	11.29	11.72	12.11	12.71
水果类	4.40	4.51	4.88	4.82	5.01	5.39	5.15	5.32
经济作物	1.07	1.44	1.75	1.76	1.85	1.96	2.22	2.54
畜牧业	13.59	17.47	16.09	18.88	19.30	19.51	20.71	23.11
牛肉	3.56	4.86	3.47	4.29	5.06	4.90	5.53	6.17
猪肉	4.09	5.32	5.35	6.62	6.76	6.87	7.08	7.78
鸡肉	1.44	2.15	2.09	2.02	2.00	1.90	2.09	2.38
鸭肉	1.15	1.31	1.05	1.06	912	1.03	1.23	1.60
鸡蛋	1.16	1.34	1.36	1.81	1.71	2.06	2.02	2.30
林业	1.19	1.85	2.06	2.38	2.27	—	—	—

数据来源：韩国农村经济研究院，2018

注：人民币对韩元汇率为1.0元人民币=172韩元（2018年6月19日标准）

2017年，产值规模前10位农产品依次是猪肉、大米、牛肉、鸡蛋、牛奶、鸡肉、大蒜、苹果、药用作物、草莓。从2016年开始猪肉消费超过大米成为产值最高的农产品，其产值占农业总产值比重从2015年的14.2%增至15.1%，同期，大米产值占比从15.7%降至14.3%。韩国农村经济研究院的展望报告分析，大米的产值将持续减少趋势，2024年开始牛肉的产值将会超过大米产值。韩国产值前5位的农产品累计产值占农业总产值比重接近50%，畜产品占主导地位。蔬菜消费中辣椒、大蒜等调味品产品的比重相对高。在注重健康的社会氛围下，以药食同源的药用作物消费呈现持续增长趋势（表5）。

表5 2015—2017年农业总产值前10位品种排名变化　　　（单位：亿韩元，%）

顺次	2015年 品种	2015年 产值	2015年 比重	2016年 品种	2016年 产值	2016年 比重	2017年（预测值） 品种	2017年（预测值） 产值	2017年（预测值） 比重
	农业总产值	489791		农业总产值	475962		农业总产值	485876	
1	大米	76972	15.7	猪肉	67565	14.2	猪肉	73582	15.1
2	猪肉	69671	14.2	大米	63919	13.4	大米	69529	14.3
3	牛肉	47077	9.6	牛肉	50570	10.6	牛肉	47453	9.8
4	牛奶	22851	4.7	牛奶	21751	4.6	鸡蛋	23294	4.8

（续表）

顺次	2015年			2016年			2017年（预测值）		
	品 种	产 值	比 重	品 种	产 值	比 重	品 种	产 值	比 重
5	鸡肉	19095	3.9	鸡肉	19986	4.2	牛奶	20545	4.2
	累计	235666	48.1	累计	223791	47.0	累计	234402	48.2
6	鸡蛋	18369	3.8	鸡蛋	17072	3.6	鸡肉	20415	4.2
7	苹果	16066	3.3	大蒜	14772	3.1	大蒜	15322	3.2
8	草莓	12958	2.6	草莓	13057	2.7	苹果	12445	2.6
9	辣椒	11344	2.3	苹果	12382	2.6	药用	12039	2.5
10	大蒜	10654	2.2	药用	11055	2.3	草莓	11955	2.5
	累计	305057	62.3	累计	292129	61.4	累计	306579	63.1

数据来源：韩国农村经济研究院，2018

注：人民币对韩元汇率为1.0元人民币=172韩元（2018年6月19日标准）

2. 主要农产品生产情况

（1）种植业

种植业是韩国农业生产的主要产业，2016年，种植业产值占农业总产值的比重为59.4%。韩国由于自然资源条件的限制，农业种植结构不均衡，稻谷种植面积占80%以上，而其他经济农作物种植面积占比偏低。主要粮食作物有水稻、大豆、大麦、薯类、玉米、小麦等，水果和蔬菜也是韩国的主要农产品。韩国的人参产业比较发达，人参是典型的韩国特色农产品之一，人参相关的加工产品相当丰富，除了药用产品外，更多是以补品、健康食品以及家庭食材的形式被广泛食用。

水稻是韩国农民的主要粮食作物，也是韩国居民的主食来源作物。2016年，水稻种植面积约为77.9万公顷，稻谷总产量为419.7万吨。大豆也是韩国的主要粮食作物，20世纪50年代种植面积较大，随后逐渐减少，到20世纪80年代，大豆种植面积已不到20万公顷，之后更为锐减，2016年，大豆种植面积仅约为6.1万公顷，豆类总产量为9.1万吨。同样，韩国的麦类种植面积也急速衰减，从20世纪60年代的64.94万公顷减少到2016年的3.05万公顷，面积缩减了95.3%。虽然麦类的单产水平逐渐提高，但是总产量仍然不断减少，2016年仅为11.3万吨。韩国的主要薯类品种是马铃薯和红薯。2016年薯类的种植面积为4.5万公顷，总产量21.7万吨，虽然与20世纪60年代比，种植面积减少了1/2以上，但是由于单产增加了1.5倍，总产量呈现波动性变化（表6）。

表6　2003—2016年韩国农作物面积和产量（种植面积单位：万公顷；产量单位：万吨）

年 份	粮食作物							蔬 菜		水 果	
	种植面积	产 量	水 稻	麦 类	豆 类	薯 类	杂 粮	种植面积	产 量	种植面积	产 量
2003	123.6	500.4	445.1	16.8	12.1	18.3	8.1	32.8	1006.8	16.8	228.9
2004	123.3	566.9	500.0	19.0	15.6	23.6	8.8	31.6	1046.8	16.2	242.9
2005	123.4	552.0	476.8	20.0	19.9	26.6	8.6	29.8	958.4	16.0	261.1
2006	118.0	530.0	468.0	15.4	17.0	21.5	8.2	29.2	999.4	15.7	249.9
2007	116.3	503.4	440.8	17.6	12.8	22.4	9.8	27.8	939.4	15.9	275.2
2008	114.5	549.8	484.3	18.0	14.7	22.3	10.4	27.5	993.5	16.1	274.0
2009	112.7	555.4	491.6	17.6	15.5	22.7	8.8	26.2	988.8	15.7	288.1
2010	109.5	483.6	429.5	12.0	11.9	21.6	8.5	24.5	839.1	16.2	248.9
2011	105.6	477.5	422.4	11.9	14.2	20.4	8.6	26.1	974.7	16.1	245.8
2012	105.2	456.5	400.6	9.4	13.6	22.8	10.1	25.2	866.2	16.0	237.4
2013	104.0	482.5	423.0	8.0	17.3	24.8	9.5	25.2	924.3	16.1	252.3
2014	101.3	482.8	424.1	11.2	15.9	21.8	9.9	24.7	990.4	16.2	269.7
2015	98.3	484.6	432.7	10.2	11.9	19.9	9.9	22.5	854.9	16.3	269.7
2016	96.2	470.7	419.7	11.3	9.1	21.7	9.0	21.7	804.0	16.6	265.2

数据来源：韩国农林畜产食品部，2018

韩国的粮食自给率不高且呈下降趋势，据统计，韩国粮食自给率从1970年的80.5%降为2016年的23.8%。在韩国政府的粮食安全政策推动下，主要粮食中除水稻能满足自给外，大麦的自给率为23.3%，大豆仅为7.0%，而小麦和玉米的自给率更低，分别低至0.9%和0.8%，基本全部依赖进口（图3）。韩国的主食是大米，近年每年人均大米消费量

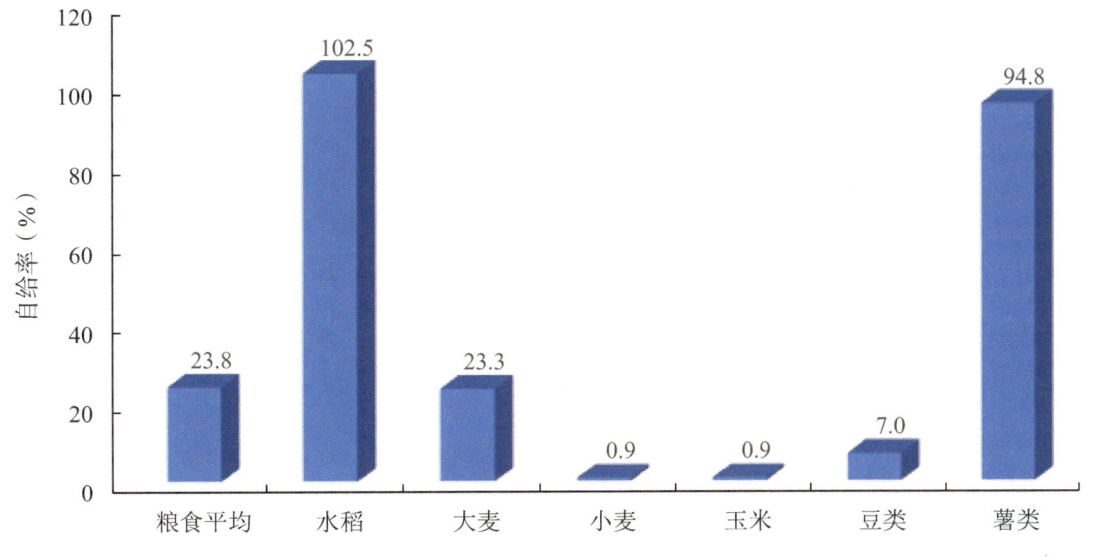

图3　2016年粮食作物自给率情况

数据来源：韩国农林畜产食品部，2018

逐渐下降，由70年代的136.4千克降至2000年93.6千克，2016年继续下降至61.9千克。

2016年，韩国的蔬菜种植面积约为21.7万公顷，蔬菜总产量为804万吨（表6）。韩国主要蔬菜作物是辣椒、大蒜、番茄、洋葱、南瓜、莴苣、黄瓜、卷心菜等。韩食以泡菜文化为特色，一日三餐都离不开泡菜，白菜、萝卜、辣椒、大蒜、洋葱等蔬菜作为泡菜的主要材料，在韩国蔬菜种植中占比重较大。2016年统计数据显示，上述5种蔬菜的种植面积达11.6万公顷，占蔬菜总面积的53.5%（图4）。

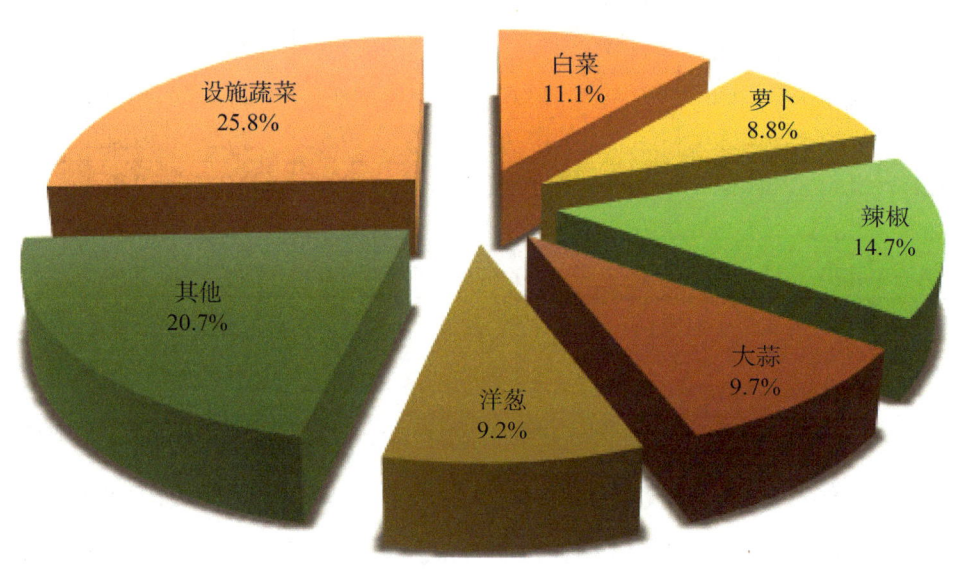

图4　2016年蔬菜种植面积构成比重

数据来源：韩国农林畜产食品部，2018

韩国5大水果品种是苹果、梨、葡萄、柑橘和桃。2016年，韩国水果种植面积约为16.6万公顷，水果总产量为265.2万吨，其中5大水果的种植面积为10.1万公顷，占水果总种植面积的60.8%，生产量为199万吨，占水果总产量的75.0%。2003—2016年，韩国居民人均水果消费量从55.8千克持续增长，增至65.8千克，增幅为17.9%，同期，5大水果人均消费量占总水果消费量的比重从69.7%降至50.7%（表7）。这是因为韩国居民对进口水果的消费量逐年增加。据韩国农民日报发布，2000年韩国居民人均进口水果消费量为6.8千克，到2016年其消费量增至13.8千克，增加了2倍。

表7 2003—2016年主要水果生产量及人均消费量情况

（产量单位：万吨；人均消费量单位：千克）

年份	水果 产量	水果 人均消费量	苹果 产量	苹果 人均消费量	梨 产量	梨 人均消费量	葡萄 产量	葡萄 人均消费量	柑橘 产量	柑橘 人均消费量	桃 产量	桃 人均消费量
2003	228.9	55.8	36.5	7.5	31.7	6.3	37.6	8.1	63.2	13.0	18.9	4.0
2004	242.9	58.8	35.7	7.4	45.2	9.0	36.8	7.9	58.4	12.0	20.1	4.2
2005	261.1	62.6	36.8	7.5	44.3	8.6	38.1	8.2	63.8	13.1	22.4	4.6
2006	249.9	62.2	40.8	8.3	43.1	8.5	33.0	7.1	62.0	12.7	19.4	4.0
2007	275.2	67.9	43.6	8.9	46.7	9.2	32.9	7.3	77.8	16.0	18.4	3.8
2008	274.0	65.5	47.1	9.6	47.1	9.2	33.4	6.9	63.6	13.0	18.9	3.9
2009	288.1	67.7	49.4	9.9	41.8	8.0	33.3	7.4	75.3	15.4	19.8	4.1
2010	248.9	62.4	46.0	9.3	30.8	5.8	30.6	6.9	61.5	12.5	13.9	2.8
2011	245.8	62.4	38.0	7.6	29.0	5.5	26.9	6.3	68.1	13.6	18.5	3.7
2012	237.4	61.8	39.5	7.9	17.3	3.1	27.8	6.6	69.2	13.8	20.2	4.0
2013	252.3	63.2	49.4	9.8	28.2	5.2	26.0	6.3	68.3	13.5	19.3	3.8
2014	269.7	66.5	47.5	9.4	30.3	5.5	26.9	6.5	72.2	14.3	21.0	4.2
2015	269.7	66.7	58.3	11.4	26.1	4.7	25.9	6.4	67.2	13.2	23.8	4.7
2016	265.2	65.8	57.6	11.2	23.8	4.1	24.9	5.8	64.0	12.4	28.7	5.6

数据来源：韩国农林畜产食品部，2018

（2）畜牧业

在韩国，家畜饲养业是仅次于水稻生产的第二大农业生产产业，主要有猪、牛、羊、鸡等。受国土狭小等因素限制，除了鸡肉和鸡蛋基本上可以保证自给外，牛肉、猪肉和牛奶每年都需要大量进口来满足国内市场的需求。国内畜产品消费对进口的依赖程度较高。

2003—2016年，韩国畜产品的需求量与生产量不断增长，肉类生产量由2003年的121.2万吨增至2016年的172.1万吨，同期，人均肉类消费量由31.7千克增至49.5千克，增幅为56.2%，人均每年鸡蛋消费量由191个增至274个，增幅为43.5%。畜产品中，韩国居民消费量最大的是猪肉，2016年，人均猪肉消费量为24.1千克，鸡肉消费量是13.8千克，牛肉消费量是11.6千克。近年来，韩国居民的牛奶消费量不断增长，2016年的牛奶需求量达415.5万吨，超过韩国牛奶生产量207.0万吨，人均牛奶消费量从2003年的62.5千克增至2016年的76.4千克（表8）。

表8 2003—2016年主要畜产品生产量及人均消费量情况

（肉类、鸡蛋、牛奶产品单位：万吨；人均消费量单位：千克）

年份	肉类								鸡蛋		牛奶	
	总产量	人均消费量	牛肉		猪肉		鸡肉		产量	人均消费量	产量	人均消费量
			产量	人均消费量	产量	人均消费量	产量	人均消费量				
2003	121.2	31.7	14.2	8.1	78.3	17.3	28.7	7.9	91.45	191	236.6	62.5
2004	117.6	31.3	14.5	6.8	47.9	17.9	28.7	6.6	92.36	193	225.5	64.0
2005	117.0	32.1	15.2	6.6	70.1	17.8	30.1	7.5	103.66	220	222.9	62.9
2006	117.6	33.6	15.8	6.8	67.7	18.1	34.9	8.6	107.48	223	217.6	63.5
2007	125.1	35.4	17.1	7.6	70.6	19.2	28.0	8.6	108.76	226	218.8	62.8
2008	126.0	35.4	17.4	7.5	70.9	19.1	37.7	9.0	108.38	224	213.9	60.9
2009	132.9	36.8	19.8	8.1	72.2	19.1	40.9	9.6	116.14	238	211.0	61.7
2010	138.6	38.8	18.6	8.8	76.4	19.3	43.6	10.7	115.82	236	207.3	64.2
2011	124.6	40.6	21.6	10.2	57.4	19.0	45.6	11.4	114.62	232	188.9	70.7
2012	144.8	40.5	23.4	9.7	75.0	19.2	46.4	11.6	120.90	242	211.0	67.2
2013	158.6	42.7	26.0	10.3	85.3	20.9	47.3	11.5	120.90	242	209.3	71.3
2014	161.9	45.1	26.1	10.8	83.0	21.5	52.8	12.8	127.38	254	221.4	72.4
2015	168.2	46.8	25.5	10.9	84.2	22.5	58.5	13.4	135.56	268	216.8	75.7
2016	172.1	49.5	23.1	11.6	89.1	24.1	59.9	13.8	155.93	274	207.0	76.4

数据来源：韩国农林畜产食品部，2018

（3）渔业

韩国三面环海，近海域渔业资源丰富，主要分为东海渔场、黄海渔场和南海渔场3大渔场。东海渔场大陆架宽约25千米，向外延伸到水深超过3000米的大洋盆地，海水温度季节性变化较大，主要鱼类有鲐鱼、鳁鱼、鲹鱼、刀鱼、墨斗鱼等暖水鱼类和明太鱼、鲱鱼、鳕鱼等冷水鱼类；黄海渔场水深平均小于50米，全部是大陆架部分，因此海水温度季节性变化大，营养物质丰富，主要鱼类包括黄花鱼、刀鱼、鲽鱼、鲆鱼等，此外还出产虾、螃蟹等甲壳类水产品；南海渔场由水深不超过150米的大陆架构成，是韩国最大的渔场。南海渔场终年受到黑潮暖流的影响，冬季水温保持在14℃以上，一年四季都可以捕鱼，主要鱼类包括刀鱼、鲷鱼、鳁鱼、鲹鱼、鲭鱼、鳍鱼、鲥鱼、鲽鱼等。

根据韩国海洋水产部统计，2016年韩国水产品总产量为344.5万吨，其中，远洋渔业产量为45.4万吨，近海渔业产量为93.0万吨，渔业养殖产量为183.8万吨。韩国渔业产量呈现海洋捕捞产量减少，养殖产量增加的趋势。1984—2017年，韩国近海渔业产量从152.2万吨减少到97.6万吨，降幅为55.9%。同期，远洋渔业生产量从65.8万吨减少到50.1万吨，降幅为31.3%，水产品养殖业产量从67.8万吨增至216.0万吨，增幅达218.6%。2016年，韩国渔业养殖产量占渔业总产量的比重为53.2%，主要养殖鱼种为比目鱼、菖鲉、牡蛎、紫菜、海带和鲍鱼等（图5）。

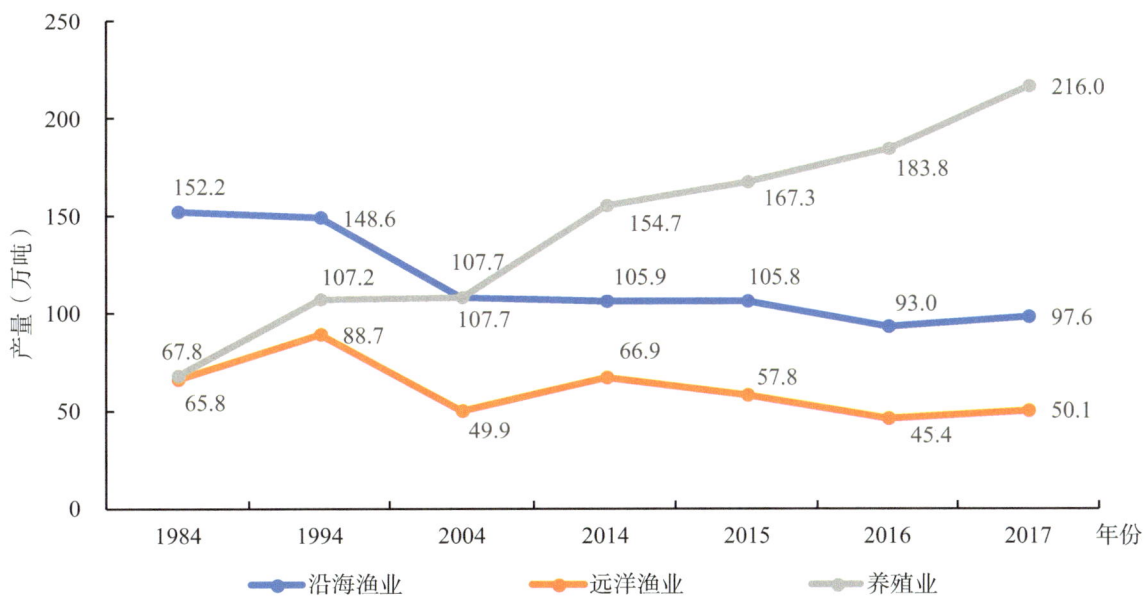

图5　1984—2017年韩国渔业产量变化

数据来源：韩国海洋水产开发院，2018

注：2017年数据是预测值

韩国水产品的消费量呈现逐年增长趋势（图6），1994—2017年，水产品的消费量从347.7万吨增至469.8万吨，增幅为35.1%，同期，水产品生产量从345.0万吨增至372.3

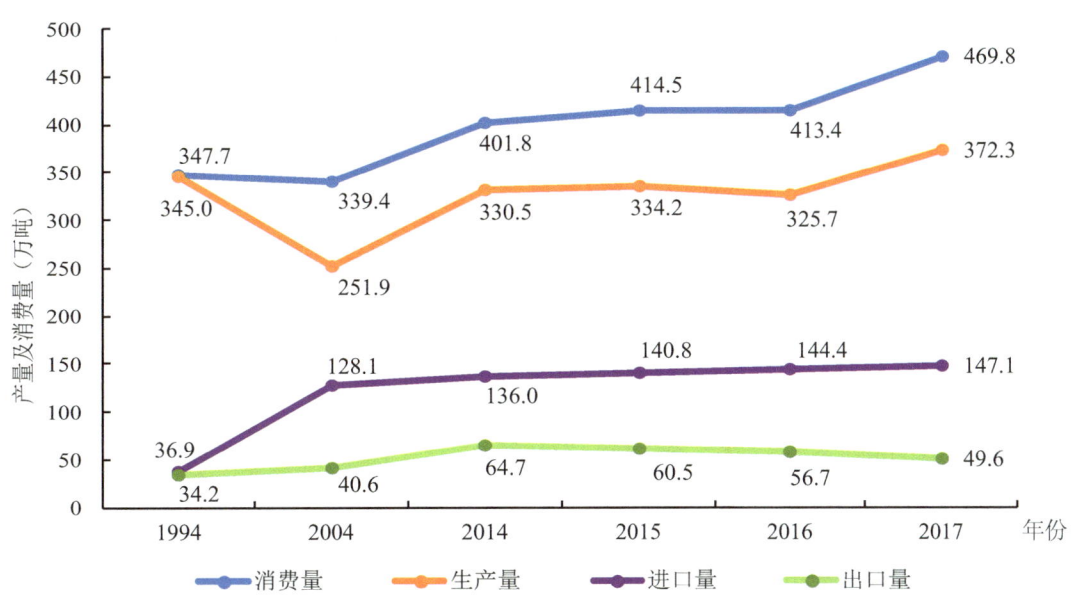

图6　1994—2017年韩国水产品生产消费及进出口

数据来源：韩国海洋水产开发院，2018

注：2017年数据是预测值

万吨，增幅为 7.9%。2016 年，韩国人均水产品消费量是 57.5 千克，2017 年增至 58.2 千克。由于水产品消费量的增幅超过水产品生产量的增幅，韩国水产品进口量也随之呈现增长趋势，同期韩国水产品的进口量从 36.9 万吨增至 147.1 万吨，增幅为 298.6%。

（4）林业

韩国森林面积是 636.9 万公顷，占国土面积的 63.7%。该比率在经济合作与发展组织（OECD）国家中排第 4 位，前 3 位分别是芬兰 72.9%、瑞典 68.7% 和日本 68.5%。

林地按权属分为国有林、公有林和私有林。国有林面积 154.3 万公顷，占森林总面积的 24.2%，平均蓄积量为 148.5 立方米/公顷；公有林 48.8 万公顷，占森林总面积 7.7%，平均蓄积量为 123.4 立方米/公顷；私有林 433.8 万公顷，占森林总面积的 68.1%，蓄积量为 5.11 亿立方米，占森林总蓄积量的 64%，平均蓄积量为 117.7 立方米/公顷，96.5% 的私有林主拥有的森林面积在 10 公顷以下。

（三）农产品贸易现状

韩国的农产品进出口贸易总体规模不断扩大，韩国是农产品净进口国家，在国际贸易中一直保持着逆差趋势。但近年来，在政府不断出台鼓励农产品出口政策等利好因素的影响下，韩国的农产品出口趋于增长态势。

韩国农水产食品流通公社的统计数据显示（图 7），2000—2017 年，韩国农林畜水产品的进出口贸易额从 128.31 亿美元增至 467.08 亿美元，其中农林畜水产品的进口贸易额增幅

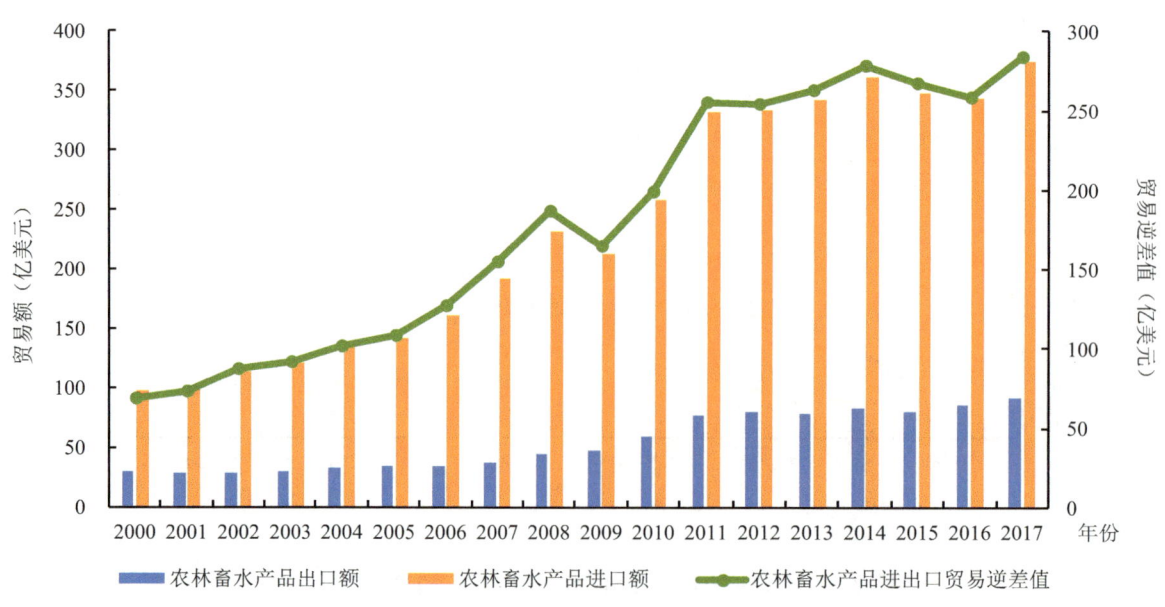

图 7　2000—2017 年韩国农林畜水产品贸易走势

数据来源：韩国农水产食品流通公社，2018

较大，从98.19亿美元增至375.55亿美元，农林畜水产品的出口贸易额从30.12亿美元增至91.53亿美元。同期，农林畜水产品的进出口贸易的逆差值从68.07亿美元增至284.02亿美元，呈现持续增大趋势。

1. 主要农产品贸易规模

韩国农水产食品流通公社的统计数据显示，最近5年，韩国农产品国际进出口贸易总额整体呈现上升趋势。其中农林畜水产品进口总额从2013年的341.93亿美元增至2017年的375.55美元，增加9.8%，同期，农林畜水产品出口总额从78.76亿美元增至91.53美元，增加16.2%，增幅明显。2017年韩国农畜水产品进口额在全国进口总额中占比重为38.4%，说明韩国进口贸易中，农畜水产品是主要产业（表9）。

表9 2013—2017年韩国农产品进出口情况 （进口额单位：亿美元；增减率单位：%）

	品种名	2013年	2014年	2015年	2016年	2017年	增减率（17/16）
出口	全国合计	1458.69	1452.88	1371.24	1244.33	1421.20	14.2
	农林畜水产品	78.76（5.4%）	82.50（5.7%）	80.28（5.9%）	85.93（6.9%）	91.53（6.4%）	6.5
	农畜产品	51.77	56.94	57.17	60.39	63.88	5.8
	农产品	47.41	52.24	52.20	55.81	60.47	8.3
	畜产品	4.36	4.70	4.97	4.58	3.41	-25.5
	林产品	5.48	4.89	3.87	4.25	4.39	3.1
	水产品	21.51	20.67	19.24	21.28	23.27	9.4
进口	全国合计	830.53	900.82	902.50	869.80	978.60	12.5
	农林畜水产品	341.93（41.2%）	361.40（40.1%）	347.77（38.5%）	344.62（39.6%）	375.55（38.4%）	5.5
	农畜产品	237.94	249.30	236.31	234.73	251.97	7.3
	农产品	191.06	193.08	179.02	176.66	185.94	5.2
	畜产品	46.88	56.22	57.29	58.07	66.03	13.7
	林产品	65.06	67.05	65.92	62.00	70.97	14.5
	水产品	38.93	45.05	45.55	47.90	52.62	9.9
收支	全国合计	628.17	552.15	468.74	374.53	442.60	18.2
	农林畜水产品	-263.17	-278.90	-267.49	-258.69	-284.02	-9.8

数据来源：农林畜产食品部、韩国农水产食品流通公社，2018年

注：（ ）为农林畜水产品进出口额占进出口总额比重

韩国农畜水产品出口贸易中农产品出口占优势地位，同时呈持续增长趋势。2017年，农畜水产品出口额为91.53亿美元，其中农产品出口额达60.47亿美元，占农畜水产品出口额的66.1%。2017年，韩国受国内禽流感等突发事件影响造成了畜产品出口下降。韩国农畜水产品进口贸易中农产品的进口额变化相对比较平稳，畜产品及水产品呈现持续增长趋势。

（1）主要进口农产品

韩国农业贸易中，进口农林畜水产品种类比较丰富，主要有粮食类、蔬菜类、水果类及肉类。韩国的粮食自给率不高且呈下降趋势，韩国粮食自给率（包括饲料用）从1970年的80.5%降为2016年的23.8%。韩国的主要粮食中大米能满足自给外，大麦的自给率为23.3%，大豆仅为7.0%，而小麦和玉米的自给率更低分别为0.9%和0.8%，基本全部依赖进口，且谷物进口量中超过70%是通过世界粮商（Cargill、ADM、LDC、BUNGE）和日本的丸红、三菱等粮食代理商进口。

韩国主要农产品进口贸易除了粮食类农产品的进口贸易相对保持平稳外，其他农产品总体呈上升趋势（表10）。2017年，谷物类进口量为1434.84万吨，占农林畜水产品总进口量的24.6%，进口谷物以玉米为主，其进口量占谷物进口量的65.1%，达934.77万吨。韩国的国内玉米产量较少，自给率较低，不能满足居民的食用需求，再加上近些年养猪业发展，玉米作为饲料的需求也急剧增加，因此玉米的进口量较大。

韩国肉类进口量较大，特别是最近几年牛肉的进口贸易增幅较大。2013—2017年，牛肉进口量从30.06万吨增至41.41万吨，增幅达37.8%，同期，牛肉进口额从15.43亿美元增至24.62亿美元，增幅达9.2%。2017年韩国农林畜水产品进口品种中进口额最大的品种是牛肉，其次是玉米、猪肉等，其中猪肉进口额相比同期增长20.3%。

蔬菜进口额总体增加。2013—2017年，蔬菜的进口额从8.36亿美元增加到12.66亿美元，增幅达51.4%，主要从中国、越南和泰国进口。其中，泡菜占的比重比较大，2017年，泡菜进口额是1.28亿美元，占蔬菜进口额的13.5%。

水果进口贸易大幅增加。2013—2017年，水果进口量从96.4万吨增至124.44万吨，增幅为29.1%，同期，水果进口额从14.98亿元增至19.43亿美元，增幅为29.7%。最近，韩国居民的水果消费中进口水果消费占的比重呈现持续增加趋势。2017年，韩国水果进口规模中，按进口额为标准，香蕉的进口额同比增长11.2%，橙子增长9%，葡萄增长5.4%。

水产品进口贸易相对稳定，进口量呈现缓慢增长趋势，但进口额则相对呈现大幅度上升。2013—2017年，水产品进口量从2013年的53.86万吨增至2017年的54.91万吨，增幅为1.9%，同期，水产品进口额从38.93亿元增至52.62亿美元，增幅达35.2%。

表 10　2013—3017 年韩国主要农林畜水产品进口量及进口额 （单位：万吨，亿美元）

项 目	2013 年		2014 年		2015 年		2016 年		2017 年	
	进口量	进口额	进口量	进口额	进口量	进口额	进口量	进口额	进口量	进口额
农林畜水产品	4770.76	341.93	4858.22	361.40	5459.15	347.67	5548.57	344.62	5837.78	375.55
农林畜产品	4716.90	303.00	4805.91	316.36	4908.82	302.22	5011.26	296.73	5288.64	322.94
谷物类	1435.58	49.71	1480.14	43.75	1519.83	38.72	1489.63	33.32	1434.84	32.11
豆类	120.44	8.23	136.97	9.22	139.91	7.33	142.20	6.96	138.07	6.84
菜油种实	35.61	3.97	34.06	4.21	32.40	3.49	34.26	3.43	31.41	3.00
蔬菜类	100.21	8.37	89.06	7.98	110.44	9.22	110.04	9.61	126.60	9.55
泡菜	22.02	1.17	21.29	1.04	22.41	1.13	25.34	1.22	27.56	1.29
人参类	0.01	0.04	0.01	0.03	0.01	0.04	0.01	0.04	0.00	0.04
花卉类	1.19	0.51	1.26	0.57	1.35	0.61	1.46	0.63	1.40	0.65
水果类	96.40	14.98	97.45	16.77	102.97	17.36	112.54	17.60	124.44	19.43
蘑菇类	2.13	0.16	3.18	0.25	4.90	0.34	5.39	0.36	5.40	0.37
牛肉	30.06	15.43	31.50	18.48	33.13	20.08	40.32	22.84	41.41	24.62
猪肉	32.23	9.11	39.41	12.56	49.40	14.24	50.24	13.63	53.32	16.40
禽肉类	13.09	3.13	14.52	3.39	12.37	3.20	13.33	2.85	13.67	3.18
水产品	53.86	38.93	52.31	45.05	55.03	45.55	53.73	47.90	54.91	52.62
鱼类	79.00	20.17	84.43	21.58	87.35	22.50	91.90	24.20	92.56	25.06
软体动物	21.98	6.81	27.67	9.13	26.72	8.88	25.96	9.08	28.52	10.92
海草类	1.31	0.17	1.51	0.25	2.01	0.22	1.33	0.19	1.30	0.21
甲壳类	9.46	6.84	10.17	9.14	12.67	9.27	13.23	9.82	14.02	11.95
其他	42.69	4.95	39.93	4.95	42.16	4.67	404.89	4.61	412.74	4.49

数据来源：农林畜产食品部、韩国农水产食品流通公社，2018

（2）主要出口农产品

韩国农业贸易中，出口农林畜水产品种类相对较少，加工食品的比重较大，生鲜农畜产品的比重较少。近年来，在政府不断出台鼓励农产品出口政策等利好因素的影响下，韩国的农产品出口趋于增长态势。

如表 11 的统计数据显示，2013—2017 年，加工食品的出口量从 293.86 万吨增至 347.30 万吨，增幅达 18.2%，同期，出口额从 45.14 亿美元增至 57.31 亿美元，增幅达 27.0%。2017 年，加工食品的出口额占农林畜水产品总出口额的 62.6%。其中，方便面等面条类的出口增幅较大，从 2013 年的 9.5 万吨增至 2017 年 17.02 万吨，增幅达 79.2%。其他，饮料、酒类、调料类等加工品的出口贸易也持续增长趋势。

2017 年，韩国人参产品的出口额达 15.84 亿美元，同比增长 18.7%。同期，受韩国国内发生禽流感等影响，畜产品的出口同比减少，鸡肉的出口额降为1.6亿美元，同比减少57.0%。水产品出口贸易相对稳定，出口量呈现略微减少趋势，但出口额则呈现小幅增长趋势。2013—2017年，水产品出口量从68.73万吨降至53.94万吨，降幅为27.4%，同期，水产品出口额从21.51亿元增至23.27亿美元，增幅为8.2%。

表12 2013—2017年韩国主要农林畜水产品出口量及出口额（单位：万吨，万美元）

项目	2013年 出口量	2013年 出口额	2014年 出口量	2014年 出口额	2015年 出口量	2015年 出口额	2016年 出口量	2016年 出口额	2017年 出口量	2017年 出口额
农林畜水产品	402.31	787590	430.68	824971	428.54	802837	448.66	859256	446.64	915345
农林畜产品	333.59	572458	360.53	618274	363.46	610400	387.51	646497	392.70	682650
生鲜	39.72	121029	45.33	115369	42.60	103589	44.48	110936	45.40	109531
水果类	14.01	23339	15.03	25863	13.48	25017	14.77	29910	12.44	27272
蔬菜类	5.70	22034	10.19	22946	8.65	23629	9.17	25734	9.81	26629
人参类	0.51	17492	0.58	18353	0.59	15508	0.58	13349	0.64	15839
泡菜	2.56	8928	2.47	8403	2.31	7354	2.35	7890	2.43	8139
谷物类	3.36	4224	2.10	3477	3.01	4710	2.96	4064	0.66	1677
蘑菇类	1.63	3800	1.54	3692	1.51	3661	1.56	3793	1.75	4248
花卉类	3.09	2980	3.46	3216	5.08	3476	3.88	3327	8.78	4344
禽肉类	0.79	6118	0.53	4063	0.39	2846	0.29	2643	0.27	2363
猪肉	0.19	475	0.19	783	0.22	801	0.21	673	0.15	518
山林副产品	7.87	31641	9.24	24574	7.36	16587	8.70	19552	8.48	18502
加工	293.86	451429	315.20	502905	320.87	506811	343.03	535561	347.30	573118
烟草类	4.47	55321	5.75	70237	6.97	91351	7.24	101447	8.28	120968
饼干类	12.29	43398	12.57	48994	12.52	45202	13.09	44698	12.74	41551
面条类	9.50	32081	9.65	32022	10.49	33073	13.45	40965	17.02	51439
酒类	42.38	38552	43.95	40422	47.38	38967	43.17	36978	45.40	38631
饮料	25.04	24354	29.62	28170	31.34	29362	36.44	33445	38.15	34683
调料类	6.43	18100	6.86	18755	6.73	17371	7.21	18700	7.82	20961
乳制品	3.09	12331	3.82	15717	3.51	16621	3.55	17392	3.15	12795
木材类	56.42	23146	60.03	24354	66.39	22075	76.51	22984	71.84	25350
其他	134.24	204146	142.93	224236	135.55	212789	142.39	218953	142.91	226742
水产品	68.72	215132	70.15	206697	65.08	192437	61.15	212759	53.94	232695
鱼类	42.50	121742	43.53	114854	39.68	99701	37.42	107983	33.20	118293
海草类	3.86	32246	3.45	34436	3.59	37250	4.37	42867	4.12	58896
软体动物	10.05	34685	9.87	31453	10.22	30103	7.64	32376	5.45	28835
甲壳类	0.97	8462	0.97	9653	1.04	10838	1.00	13167	1.21	14975
其他	11.34	17999	12.32	16300	10.55	14546	10.72	16366	9.96	11705

数据来源：农林畜产食品部、韩国农水产食品流通公社，2018

2. 主要农产品贸易伙伴

进入21世纪，WTO多边自由贸易体制的地位日益弱化，为了弥补这一点，韩国积极成立与世界各国或地区间的自由经贸体系FTA。自2004年韩国与智利就FTA达成协议以来，到2016年生效的与哥伦比亚的FTA为止，共与52个国家与地区达成了15项FTA。韩国与达成FTA的各国间保持着活跃的农产品贸易，2017年，与FTA国的农畜产品贸易额占总农畜产品贸易额的比重高达71.8%。其中，从FTA国的农产品进口额是298.9亿美元，占农产品进口总额的89.2%，最近10年（2008—2017年）的年增长率为3.1%。2017年，韩国对FTA国的农产品出口额是44.3亿美元，占农产品出口总额的61.9%，最近10年（2008—2017年）的年平均增长率为10.6%（황의식 외，2018）。

表12 韩国签署的主要贸易伙伴　　　　　　　　　　　（单位：亿美元，%）

签署国	进口自由化率	交易规模（2017）进口	交易规模（2017）出口	签署国	进口自由化率	交易规模（2017）进口	交易规模（2017）出口
智利（04.4.1）	71.2	7.62（2.3）	0.11（0.2）	土耳其（13.5.1）	49.4	0.66（0.2）	0.18（0.2）
新加坡（06.3.2）	66.6	1.39（0.4）	1.12（1.6）	澳大利亚（14.12.12）	88.2	29.00（8.7）	1.71（2.4）
EFTA（06.9.1）	19.6	0.92（0.3）	0.11（0.2）	加拿大（15.1.1）	85.2	10.41（3.1）	0.71（1.0）
ASEAN（07.6.1）	63.2	52.46（15.7）	12.21（17.1）	新西兰（15.12.20）	85.3	9.21（2.7）	0.34（0.5）
印度（10.1.1）	32.4	3.77（1.1）	0.89（1.2）	中国（15.12.20）	63.9	44.68（13.3）	10.95（15.3）
EU（11.7.1）	96.2	42.97（12.8）	4.61（6.4）	越南（15.12.20）	75.0	11.88（3.5）	3.77（5.3）
秘鲁（11.8.1）	92.8	1.43（0.4）	0.03（0.0）	哥伦比亚（16.7.15）	89.6	1.29（0.4）	0.07（0.1）
美国（12.3.15）	97.9	81.26（24.3）	7.46（10.4）	合计	72.3	298.92（89.2）	44.27（61.9）

数据来源：황의식 외，2018

（1）农产品主要进口来源地

韩国农林畜水产品主要进口来源地分布较广，主要是美国、中国、澳大利亚、巴西、俄罗斯、加拿大、ASEAN、EU，从这些国家的进口规模占进口总规模的80%以上。

从进口额来看，2017年，韩国农林畜水产品进口来源地排名第1位是美国，进口量为

1185.6万吨，占进口总量的20.3%，进口额为80.76亿美元，占进口总额的21.5%。中国是韩国农林畜水产品第2大进口贸易国，受国际形势环境和韩国国内的禽流感等影响，2017年与中国的贸易同比涨幅较小，进口量为762.2万吨，占进口总量的13.1%，进口额为56.95亿美元，占进口总额的15.2%（表13）。

表13 2013—2017年韩国农畜水产品主要进口国及地区的进口情况 （单位：万吨，亿美元）

项 目	2013年		2014年		2015年		2016年		2017年	
	进口量	进口额	进口量	进口额	进口量	进口额	进口量	进口额	进口量	进口额
合 计	5255.5	341.93	5329.0	361.40	5459.2	347.77	5548.6	344.62	5837.8	375.56
美国	645.9	61.63	1171.1	80.11	976.6	72.47	1074.4	70.95	1185.6（20.3%）	80.76（21.5%）
中国	770.7	57.39	730.8	59.59	714.9	55.92	750.2	56.51	762.2（13.1%）	56.95（15.2%）
澳大利亚	513.1	24.49	496.7	25.54	520.3	24.93	550.6	26.51	607.8（10.4%）	28.78（7.7%）
巴西	618.0	28.76	361.7	20.10	547.4	22.08	525.9	20.85	441.3（7.6%）	18.45（4.9%）
俄罗斯	97.7	8.83	151.8	11.07	150.9	11.22	191.9	11.85	194.5（3.3%）	13.75（3.7%）
加拿大	134.7	10.23	143.0	9.47	115.6	8.42	120.5	9.11	160.9（2.8%）	11.06（2.9%）
ASEAN	830.8	47.44	860.4	53.68	811.5	49.84	785.4	47.91	1004.9（17.2%）	55.80（14.9%）
EU	271.4	33.34	184.3	36.16	289.0	38.14	220.1	37.66	252.2（4.3%）	44.31（11.8%）
其他	1373.2	69.83	1229.3	65.70	1333.1	64.71	1327.6	63.28	1228.3（21.0%）	65.70（17.5%）

数据来源：韩国农水产食品流通公社，2018
注：（ ）为韩国农畜水产品进口贸易总量、额中占的比重

韩国农林水产食品流通公社的统计资料显示，从进口品种来看，2017年，农产品类中玉米、小麦、大豆等粮食类进口额分别为18.02亿美元、9.71亿美元、6.05亿美元，主要进口来源地是美国、巴西、阿根廷、澳大利亚、乌克兰、巴拉圭等地区；蔬菜类中主要进口品种是辣椒、胡萝卜、大蒜等，进口额分别为13.44亿美元、12.87亿美元、4.86亿美元、5.82亿美元，主要进口来源地是中国，还有部分从越南、日本等地区；水果类主要进口品

种是香蕉、葡萄、橙子、菠萝、猕猴桃等，进口额分别为 3.65 亿美元、1.85 亿美元、2.74 亿美元、0.93 亿美元、0.65 亿美元，主要进口来源地是菲律宾、智利、美国、厄瓜多尔等地区；进口畜产品主要有牛肉、猪肉、奶酪、鸡肉，2017 年，进口额分别为 24.62 亿美元、16.40 亿美元、5.36 亿美元、3.0 亿美元，主要进口来源地是美国、澳大利亚、德国、西班牙、巴西、新西兰、泰国等地区。2017 年，韩国林产品类进口额 70.97 亿美元，主要进口来源地是中国、美国、越南，进口额分别为 17.13 亿美元、7.61 亿美元、6.42 亿美元。同年，韩国水产品类进口额 52.62 亿美元，主要进口来源地是中国、俄罗斯、越南，进口额分别为 12.4 亿美元、8.64 亿美元、7.46 亿美元。（韩国农林水产食品流通公社，2018）。

（2）农产品主要出口市场

韩国农林畜水产品主要出口市场的变化不大，主要分布在东南亚地区以及美国。日本是韩国出口农林畜水产品的第一大市场，随着日本国内的反韩情绪缓和，从 2016 年开始，韩国农林畜水产品对日出口贸易重新恢复增长趋势，2017 年，韩国对日本的农林畜水产品出口额达 20.85 亿美元，占韩国农林畜水产品出口总额的 22.8%，同比增长 10.0%。此外，韩国农林畜水产品出口额前 10 位的出口市场依次为中国、美国、越南、阿联酋、泰国、中国香港、中国台湾、印度尼西亚、澳大利亚等国家与地区。韩国农林畜水产品的出口市场相对集中，按出口额标准，前 5 位出口市场的出口额占总出口额的 59.0%（表 14）。

表 14　2013—2017 年韩国农畜水产品前 10 位出口情况　　　　　　　　（单位：万吨，亿美元）

顺次	2013 年			2014 年			2015 年			2016 年			2017 年		
	国家	数量	金额	国家	数量	金额	国家	数量	金额	国家	数量	金额	国家	数量	金额
	合计	402.3	78.76	合计	430.7	82.50	合计	428.5	80.28	合计	448.7	85.30	合计	446.6	91.53
1	日本	103.3	21.02	日本	109.2	20.81	日本	100.6	18.32	日本	95.9	18.96	日本	98.5	20.85
2	中国	90.1	13.18	中国	92.7	12.94	中国	106.6	13.61	中国	107.4	14.74	中国	91.7	13.60
3	美国	23.2	7.40	美国	25.7	8.11	美国	27.1	8.59	美国	30.9	9.57	美国	30.2	10.25
4	越南	17.2	4.24	越南	18.1	4.35	越南	24.9	4.61	越南	28.6	5.00	越南	28.9	4.81
5	中国香港	21.8	3.83	中国香港	21.7	4.06	中国香港	21.8	3.99	阿联酋	4.8	4.16	阿联酋	4.9	4.48
6	泰国	12.6	2.69	阿联酋	3.3	3.05	阿联酋	3.7	3.35	中国香港	21.9	3.89	泰国	17.2	4.22
7	中国台湾	18.8	2.63	中国台湾	20.8	2.64	中国台湾	15.5	2.91	中国台湾	21.5	3.32	中国香港	21.7	3.93
8	俄罗斯	13.3	2.55	俄罗斯	12.4	2.38	泰国	14.5	2.15	泰国	15.3	2.95	中国台湾	25.1	3.77

（续表）

顺次	2013年			2014年			2015年			2016年			2017年		
	国家	数量	金额	国家	数量	金额	国家	数量	金额	国家	数量	金额	国家	数量	金额
9	阿联酋	2.1	1.92	泰国	12.4	2.22	澳大利亚	4.8	1.65	印度尼西亚	16.4	1.70	印度尼西亚	19.7	1.94
10	印度尼西亚	11.4	1.67	印度尼西亚	14.8	1.93	印度尼西亚	11.6	1.61	澳大利亚	4.9	1.70	澳大利亚	5.1	1.87

数据来源：韩国农水产食品流通公社，2018

韩国对美国的农林畜水产品出口贸易持续快速增长，最近3年平均增长率超过9%，2017年，对美国的出口额超过10亿美元，成为继日本和中国成为超出10亿美元出口额的第三个国家。最近，韩国对泰国的农林畜水产品出口贸易呈现快速增长态势，2017年，对泰国的出口额达4.22亿美元，同比增长43.1%，主要出口的草莓、方便面、紫菜等新鲜农产品和加工食品及水产品的出口量均呈现增长。

3. 中韩农产品贸易现状

近几年，中韩双边贸易整体呈现下降趋势，但两国农林畜产品的进出口额仍趋于持续增长态势（2015年有小幅度减少）。2016年，中韩两国的农林畜水产品的进出口额达到430.6亿美元，同比增长5.9%，占中韩进出口总额的3.9%。其中，韩国出口85.9亿美元，同比增长6.6%，进口344.6亿美元，同比减少0.9%，实现25.9亿美元逆差（表15）。

表15 2012—2016年中韩农产品进出口贸易情况 （进口额单位：亿美元；增减率单位：%）

	品种名	2013年	2014年	2015年	2016年	2017年	增减率（17/16）
出口	全国合计	1343.23	1458.69	1452.88	1371.24	1244.33	-9.3
	农林畜水产品	12.79	13.18	12.96	13.61	14.74	8.3
	农产品	6.54	6.75	7.08	7.49	8.10	8.1
	畜产品	3.72	3.70	3.79	3.13	15.74	20.4
	林产品	1.30	1.45	1.72	1.96	1.90	-3.5
	水产品	1.22	1.27	1.07	1.02	16.74	-3.8
进口	全国合计	807.85	830.53	900.82	902.50	869.80	-3.6
	农林畜水产品	52.97	57.39	59.59	55.95	17.74	1.0
	农产品	23.64	27.47	26.58	24.40	25.31	3.7
	畜产品	10.83	10.26	11.74	11.57	18.74	6.0
	林产品	1.38	1.42	1.64	1.71	1.80	5.2

（续表）

品种名		2013年	2014年	2015年	2016年	2017年	增减率（17/16）
	水产品	17.12	18.25	19.62	18.28	19.74	-6.3
收支	全国合计	535.38	628.16	552.06	468.74	374.53	-20.1
	农林畜水产品	-40.18	-44.21	-46.62	-42.35	-41.77	-1.4

数据来源：韩国农林畜产食品部，2018

（1）韩国对中国出口的农畜产品

自中国加入WTO后的2001年至2016年期间，韩国对中国的农产品出口额从0.8亿美元增加到10.2亿美元，年增长率为18.8%，韩国超过了对中国总出口额13.7%的增长率。中国自2009年以来，已经成为仅次于日本的第2大出口市场，预计未来将超过日本跃居第1位，在畜产品出口领域，得益于乳制品出口的增加，中国已于2011年以后超越日本，成长为韩国第1大出口市场。

以最近3年（2014—2016年的平均值）的统计为基准，出口最多的品类为糕点类、奶制品及糖果类，出口额度约占农产品出口总额的1/3。从出口的品类看，仅次于糕点类、奶制品、糖果类之后的依次是调制品、水果类、面条类、咖啡类、调料类、酒类类。这10大类别的出口额占农畜产品总出口额的比重为78%，出口品类的集中程度相对较高。从各品类的出口比重来看，出口额前10位的品类依次为蔗糖、婴幼儿配方奶粉、饼干、方便面、其他烘焙食品、咖啡调制品、其他饮料、单一水果粗加工食品、其他羊毛、纤兽毛、兽毛等约占出口额的56.3%（表16）。

表16 韩国对中国出口的主要农畜产品变化　　（出口额单位：万美元；比重单位：%）

顺次	2001—2003年平均				2014—2016年平均			
	分类	出口额	比重	主要品类	分类	出口额	比重	主要品类
1	糖类	2200	20.2	蔗糖（19.8）	饼干类	12900	13.4	饼干（5.2）、其他烘焙制品（4.8）
2	水果坚果类	1100	10.3	板栗（10.3）	乳制品	11100	11.5	配方奶粉（9.5）、鲜奶（1.7）
3	酒类	980	9.0	酒精性合成调制品（4.0）、威士忌（2.9）、啤酒（1.3）	糖类	10700	11.0	蔗糖（10.0）
4	面条类	890	8.2	方便面（5.9）	其他调制农产品	9400	9.8	混合调制食料品（8.3）

（续表）

顺次	2001—2003 年平均				2014—2016 年平均			
	分类	出口额	比重	主要品类	分类	出口额	比重	主要品类
5	饼干类	850	7.8	烘烤制品（2.9）、泡泡糖（1.9）、饼干（1.3）	水果类	8300	8.6	单一水果调制品（3.1）、柚子（2.3）、水果混合物（1.7）其他水果（1.5）
6	调料类	760	7.0	混合调味料（3.4）、其他调料制品（1.4）	面条类	6100	6.3	方便面（5.1）
7	咖啡类	680	6.2	咖啡调制品（4.7）、咖啡（1.5）	咖啡类	4300	4.5	咖啡调制品（4.5）
8	花卉类	580	5.3	兰草（4.6）	饮料	4200	4.3	其他饮料（3.5）
9	蔬菜类	370	3.4	蔬菜种子（2.4）	调料类	3100	3.2	其他调料制品（1.6）
10	人参类	290	2.6	红参（2.2）	酒类	3000	3.1	啤酒（2.0）
11	烟草类	270	2.5	香烟（1.9）	人参类	2400	2.5	红参（2.1）
12	水果类	140	1.3		肉类	1600	0.3	
13	其他	1190	11.0	起酥油（2.1）、蜂王浆（1.7）、小麦（1.6）	植物性液汁	1200	1.3	
14					其他	13000	14.2	其他羊毛、纤兽毛、糙兽毛（2.4）、皮革（2.2）、蔬菜种子（1.3）、板栗（1.3）

资料来源：韩国统计年鉴，2018

注：主要品类为出口额前 20 个品类

韩国对中国的农产品出口中，农林畜产的加工产品在出口中占据优势。将 2001—2003 年与 2014—2016 年出口额进行对比分析的话，农林畜加工产品出口的比重从 70.7% 增至 81.9%，其地位得到明显提高。造成这种局面的原因是新鲜农畜产品与中国相比没有价格竞争优势，另外新鲜蔬菜、瓜果、肉类等大部分产品未经检疫被禁止交易。21 世纪初，出口额前 10 位的品类包括板栗、兰花、蔬菜种子等新鲜农林产品，但是最近 3 年无一包含在内。

韩国对中国农产品出口业务中最显眼的变化就是奶制品一跃成了主要的出口品类之一。韩国主要出口的奶制品是婴幼儿配方奶粉和生牛奶，最近 3 年的平均出口额分别为 1.05 亿和 1600 万美元，占据销售额排名的第 2 位和第 15 位，此出口额相比 2011 年各增加了 312 倍和 4570 倍。得益于奶制品的出口激增，在农产品出口总额中，畜产品所占的比重也得到大幅度的增长，从 5% 增长到了 19.2%。

（2）韩国进口的农畜产品

自中国加入WTO后，在2001—2016年，韩国从中国进口的农产品从9.2亿美元增至28.9亿美元，年平均增长率为7.9%，远不及对中国出口额年均18.8%的增加率。韩国与中国农产品的进口与出口相比最显著的特点就是年际间波动性大。2013年高达32.5亿美元，创下史上最高数值，但是之后两年持续减少，到2016年又增加到了28.9亿美元。作为韩国的农产品进口来源国，中国是仅次于美国的第2大进口市场（约占总进口量的14%），畜产品位居第8位（约占总进口量的3%）（전형진 외，2018）。

根据近3年的数据统计（2014—2016年），韩国最大的进口品类为蔬菜类，约占农产品进口总额的1/4。将2001—2003年与2014—2016年进口额进行对比分析得出，蔬菜类在农产品进口总额中所占的比重从7.7%增加到了18.8%，位居第1位。尤其是调味蔬菜和泡菜的品种集中度得以加强。四大调味蔬菜（辣椒、大蒜、洋葱、大葱）的进口额占有率在比较区间内从3.4%增长到7.8%，泡菜的进口额占有率从0.3%增加到3.8%。在中国加入WTO初期，谷物类产品在对中国的进口额中所占的比重占总进口额的51.7%，占据压倒性的优势。但是经历了2007年的谷物危机后，中国对谷物的出口进行了严格管理，随之韩国的进口额急剧降低，占有率缩减到了6.1%。玉米曾经是最主要的进口品类，但是随着谷物类地位的降低，玉米的进口量急剧减少。2007年，玉米的进口量高达317万吨，到2008年降低到8.1万吨，2010年为1.2万吨，2014—2016年的年进口量只有230吨（表17）。

在中国加入WTO初期，韩国从中国进口的农产品中，新鲜农林畜产品占据压倒性的比重（80.3%）。2014—2016年间生鲜和加工品的进口平均比重分别为51.9%和48.1%，加工品所占的比重大幅增加。

表17 韩国从中国进口的主要农畜产品变化　　（进口额单位：万美元；比重单位：%）

顺次	2001—2003年平均				2014—2016年平均			
	分类	进口额	比重	主要品类	分类	进口额	比重	主要品类
1	谷类	70600	51.4	玉米（44.7）、小麦（4.6）、大米（1.8）	蔬菜类	56000	18.8	泡菜（3.8）、辣椒（3.8）、大蒜（2.6）、胡萝卜（1.6）
2	蔬菜类	10500	7.7	辣椒（1.6）、大蒜（1.1）、其他蔬菜（1.7）、其他根菜（1.0）	粕类	22100	7.4	淀粉粕（4.2）、豆粕（3.2）
3	菜油种实	5700	4.1	芝麻（2.1）、花生（1.5）	其他调制农产品	21800	7.3	混合调制食料品（6.9）

（续表）

顺次	2001—2003年平均				2014—2016年平均			
	分类	出口额	比重	主要品类	分类	出口额	比重	主要品类
4	粕类	5300	3.9	豆粕（1.3）、糖粕（1.2）、绵实油粕（1.0）	菜油种实	17000	5.7	芝麻（1.9）、花生（1.6）
5	调料类	4000	2.9	其他调料品（1.9）、混合调料（1.0）	谷类	16700	5.6	大米（5.6）
6	豆类	2800	2.0	大豆（1.2）	饲料	11100	3.7	
7	面条类	2700	2.0	粉条（1.6）	豆类	9800	3.3	大豆（1.7）、红豆（1.6）
8	饼干类	2600	1.9		饲料	9600	3.2	中药材其他（2.1）
9	饲料	1700	1.2		面条类	8500	2.9	粉条（2.4）
10	淀粉	1500	1.1		调料类	7700	2.6	其他调料品（2.0）
11	蘑菇类	1200	0.9		林产品其他	7600	2.6	其他林产品（2.2）
12	果实坚果类	540	0.4		蘑菇类	6700	2.2	香菇（1.5）
13	其他	7800	5.7	其他中药材（2.0）、其他果实（1.7）、乙醇（1.2）、蕨菜（1.2）	糖类	5700	1.9	
14					山菜类	4100	1.9	
15					其他	28000	9.4	其他羊毛、纤兽毛、糙兽毛（3.0）、其他果实（2.1）

资料来源：韩国统计年鉴，2018

注：主要品类为出口额前20个品类

（四）农业科技发展

1. 农业科研机构

韩国农业发展得益于富有特色和活力的农业科技体制，这个体制大体上由科研、教育、推广3个体系组成，但这3个体系彼此并不孤立，而是在强有力的行政机构指挥下，互相促进，共同发展。这个体制经过多次改革和完善，在机构设置、立法保障、经费投入等方面符合本国农业发展，能够有效促进农业科技研究，并保证将农业科技成果及时推广到广大农民和涉农单位当中去，产生一定的经济和社会效益。

韩国的农业科研、教育和推广事业主要是由农村振兴厅统一负责。韩国农村振兴厅属于韩国农林畜产食品部的独立外厅机构，不是直接下属部门，韩国农村振兴厅厅长的行政级别为副部级。另外，作为韩国农村振兴厅的下属机构，在全国的各道、市、郡还分别设有农村振兴院及农村指导所。同时，它还附设有 16 个实验研究机构（其中研究所 11 个、研修院 1 个、试验场 4 个）。农业科研工作主要是由农村振兴厅的试验局及其所属的 16 个试验研究机构负责，其职责包括科研课题及项目的完成。韩国农林水产部下属的山林厅设有国立山林科学院，是为了开发及推广山林科学知识、技术而设立的国家直属研究单位，专门负责韩国林业领域的科研工作（图 8）。

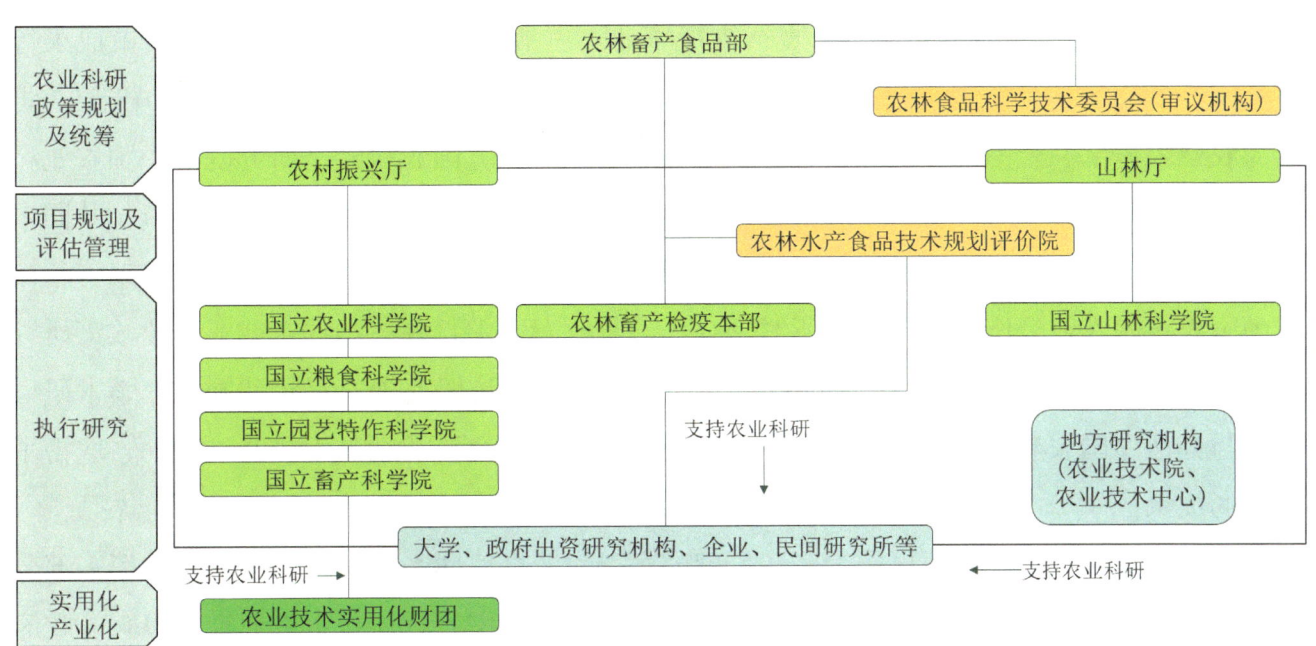

图 8　韩国农业科研部门体系

资料来源：韩国农村经济研究院，2015

韩国农业科研部门体系中，值得关注的机构是农林水产食品技术规划评价院。该院是专门负责对政府项目成果进行技术评价，并将评价结果公开。

韩国除了农林畜产食品部主管的国家级农业科研部门以外，韩国国务院总理室直属的经济、人文社会研究会还设有政府出资的农渔业相关研究单位，包括韩国农村经济研究院（Korea Rural Economic Institute，KREI）和韩国海洋水产开发院（Korea Maritime Institute，KMI）。韩国农村经济研究院的主管部门是农林畜产水产部，韩国海洋水产开发院的主管部门是海洋水产部。2013 年，韩国政府推进政府组织重新编制海洋水产部，其原农林水产食品部变更为现在的农林畜产食品部，将渔业相关事务划入到海洋水产部。因此，韩国渔业领域的科研在海洋水产部主管下由海洋水产研究院负责。海洋水产研究院负责综合、系统地调查、研究海洋、水产及海运港湾产业的发展与相关领域项目，及时收集、分析、推广海洋、水产及海运港湾的相关动态与信息，协助政府制订海洋、水产及海运港湾的相关国家政策并助力于国民经济发展。

韩国农村经济研究院是由政府出资的国务院总理室直属研究单位。韩国农村经济研究院的任务是"建立中长期农林业的发展规划，研究农业政策；研究农产品的供需动向及中长期发展前景；研究国际农业及其流通政策，支援农业协商；研究提高农民福利和农村社会发展的方案；支援农林技术的开发工作并进行管理；提高国民对农业、农村价值及农业政策的理解等"。研究院有200多名高学历研究人员，每年完成100多项国家级研究项目。同时受政府委托进行农业观测事业、FTA履行支援事业、生活品质政策研究、农产品政策成果等有关国体的重大事业管理工作。2007年，韩国农村经济研究院经中国农业部（2018年3月改为农业农村部，全书同）批准，成立驻京办事处，协调韩国农村经济研究院与中国农业科学院及中国其他研究机构之间的科研合作，协助安排双方科研人员互访与信息交流，共同申请研究课题，联合举办国际学术研讨会。韩国农村经济研究院北京代表处自成立以来，积极与中国农科院农业经济与发展研究所紧密合作，每年召开中日韩三国的东北亚农业政策研究论坛（FANEA），并进行多项合作项目；与农业部农村经济研究中心每年共同举办学术研讨会；与其他中国农业研究机关也积极联络，开展各种学术交流活动与人员互访活动，取得了丰硕的成果。

韩国农业科技推广体系也较为完备。韩国主要农业推广体系可分为两大部分。第一部分由政府组织实施，由农村振兴厅、农业技术院和农业技术中心具体负责农业推广事宜。政府主导下的农业推广与农业科研紧密结合，由各级农政机构统一管理。在韩国整个农业科技管理体系的一万余人中，大多数人员在地方各级农政机构工作，这就保证了基层能够拥有充足的推广人员进行推广工作。第二部分由韩国农业协同组合组织实施。韩国农业协同组合（National Agricultural Cooperative Federation，简称农协，全书同）是韩国的农业自助组织，是根据《农业协同组合法》于1961年在原农业协同组合和韩国农业银行合并的基础上建成的，是由农民出资、代表农民利益的互助合作组织，为农户提供生产、流通、加工、技术、信用、保险等系列化服务。农协在韩国的农业现代化进程中，一直起着举足轻重的支持作用，其中重要的工作之一是负责一些与农业推广有关的教育、培训和出版等支持性活动。韩国农业协同组合在农业科技推广中发挥了重要作用，是韩国农业科技推广体系中的一个亮点。

2. 农业科技发展状况

韩国负责有关农业科学技术的部门是韩国农村振兴厅。农村振兴厅全面负责与农业、农业从业人员、与农村相关的科学技术的研究开发，农村发展指导，教育培训及国际合作等4个领域的工作。农业振兴事业就是由农业科学技术开发、农村发展指导、教育培训、国际合作4个部分组成的综合发展计划，也可以称之为"通过政策支援和团结协作来提供有关农业知识的综合支援体系"。另外，这 4 项事业全部由农业研究机构农村振兴厅统一企划，统一进行，所以能够保障对农业和农村的发展提供有效的支援。

韩国政府的农村振兴事业最初开始于 1960 年，当初分为国家农业研究和指导事业两个部分。随着时间的推移，逐渐形成了绿色革命和白色革命等农业成长框架。2000 年以后，开始着重研发以品质和价值为核心的农业科学技术，2010 年以后主要侧重于复合型的尖端技术和未来技术的研发和普及。农业振兴事业随着时代的要求不断地变化和发展（图 9）。

年代	时代变化	农村振兴事业方向	农村振兴厅作用
1960年代	①开启产业化 ②经济开发计划	[开启振兴事业] 引进国家农业研究指导体系	①设立农村振兴厅（62） ②制定农村振兴法 ③统合中央·地方指导功能造就研究基础
1970年代	①出口导向 ②推进重工业为主产业化	[绿色革命] 粮食增产 加强农村指导	①开发·普及统一水稻指导水稻生产技术 ②改善生活、提高营养农村营养改善研修院（77）
1980年代	①高度成长 ②政治民族化	[白色革命] 客服农业的季节性 提高劳动生产效率	①塑料农作、改善水利设施 ②研究·推广机械化 ③四季供给新鲜蔬菜
1990年代	①开放化、世界化 ②克服IMF ③地方自治制	[品质革命] 生产高品质 低费用农业	①采后管理、特产作物等提高收入技术 ②道农村振兴院、市郡农村指导所 地方（97）
2000年代	①风险企业、IT潮流 ②扩大福利与生活质量概念	[价值革命] 亲和环境及健康功能 高附加农业	①亲和环境农业技术 ②研究农产品安全性 ③多元化农产业领域 ④传统食品、故事乡村
2010年代	①集合化技术 ②六次产业 ③尖端化、新产业	[知识革命] IT、BT、NT集合 对应生物技术基础未来	①对应气候变化 ②智慧农场、生命工程、功能素材研究等尖端化

图 9　韩国农业科技发展方向

资料来源：韩国农村振兴厅，2018

为了保障农业振兴事业系统地进行，农村振兴厅每5年制定五年发展计划，同时每年制定当年的具体实施计划。首个农业振兴基本计划是以"通过农业技术的创新，引领国民幸福时代"为蓝图的五年（2013—2017）发展规划。通过农村振兴的首五年规划，集中力量促进了大米供需稳定、食品安全、气候变化等疑难问题的解决和事关国本产业的发展。通过尖端技术的融合，为未来农业的发展创造新的成长动力，并且通过农业智能化等技术的创新，提高了技术的个性水平，为农业、农村的发展增添了活力。

2018年3月，韩国农村振兴厅通过《2018—2022年农业、农村和食品产业的发展计划》展示了通过农业技术创新来提高国民生活质量的发展蓝图。并且公布了通过尖端技术的研发和应用促进农业的发展，出口的产业化，为食品生产提供保障，为农业、农村的发展注入活力的新目标。同时，为了达成这个目标，设立了五大重点发展战略（图10）。

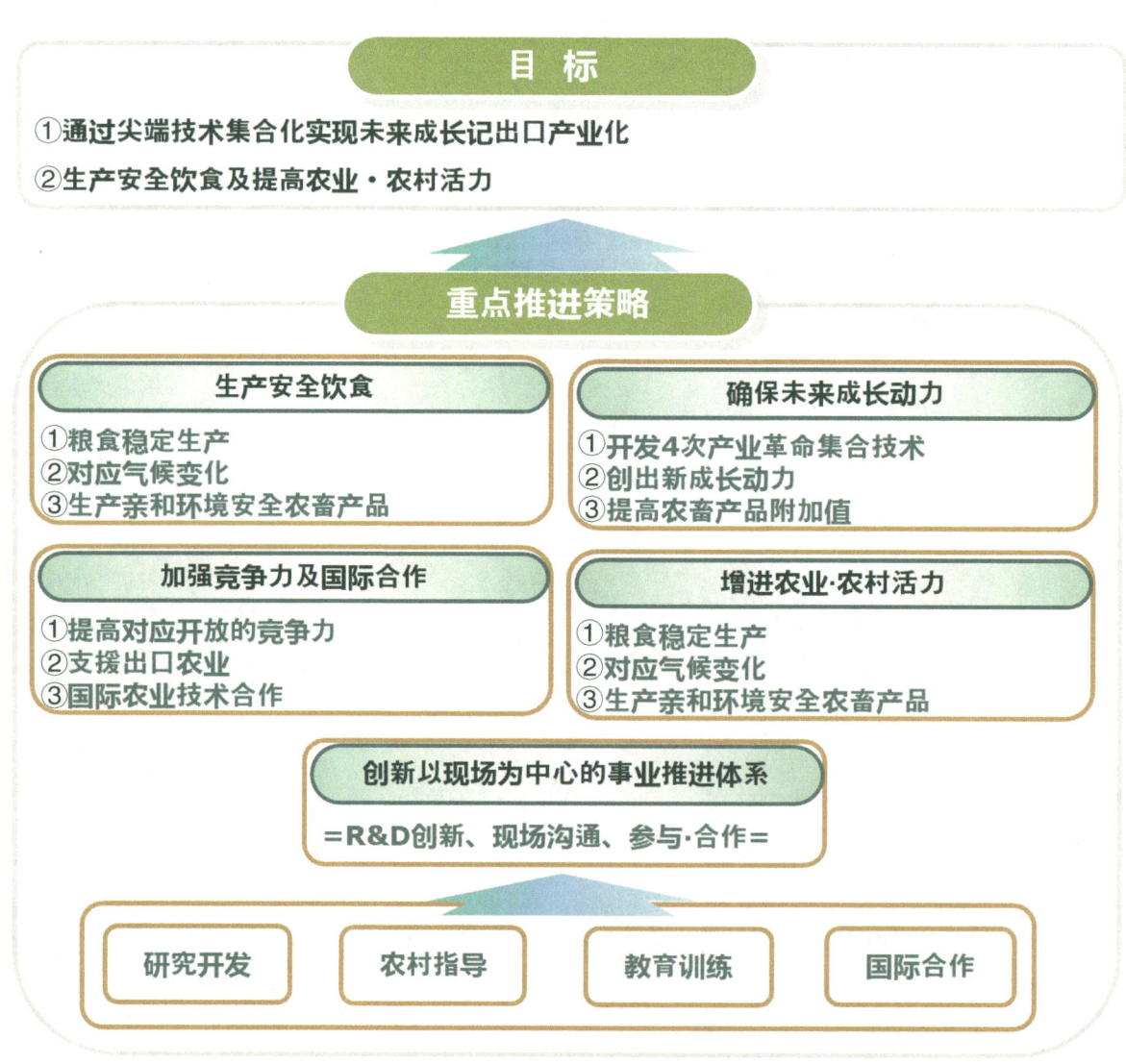

图10　2018—2022年农业、农村和食品产业的发展计划

资料来源：韩国农村振兴厅，2018

韩国农村振兴事业的投资规模逐年增加，2017年，农村振兴事业的总规模为6748亿韩元（约3952万人民币），其中研究开发事业投资为4890亿韩元（约2864万人民币），占总投资规模的72.5%。第2个五年规划期间，农村振兴业总投资计划为3.99兆韩元（约2.33亿人民币），相比第1个五年计划的投入增长了24.1%，韩国第2个农村振兴五年规划事业中，值得关注的是加大了国际合作领域的投入规模，在总投资额中占的比重从第1次振兴规划的3.1%增至4.1%（表18）。

表18 韩国农村振兴事业投资情况及投资计划 （单位：亿韩元）

项　　目	研究开发	农村指导	教育训练	国际合作	合　　计
第一次农村振兴事业	23475	7001	694	992	32162
2013年	4353	1326	137	178	5994
2014年	4599	1267	137	193	6196
2015年	4763	1403	141	195	6502
2016年	4870	1513	136	203	6722
2017年	4890	1492	143	223	6748
第二次农村振兴事业（计划）	28512	8980	794	1625	39911
2018年	5014	1522	141	243	6920
2019年	5326	1691	146	312	7475
2020年	5653	1851	158	356	7018
2021年	6050	1956	168	357	8531
2022年	6469	1960	181	357	8967

数据来源：韩国农村振兴厅，2018

注：人民币对韩元汇率为1.0元人民币=172韩元（2018年6月19日标准）

为了促进五项重点推进战略的实施，研究开发事业是至关重要的部分。为了适应集合化发展时代要求，韩国政府积极推进农业科研事业，通过农业研发解决短期的疑难问题，展现农业农村的未来，制定并公示了农业研究开发事业领域具体的重点推进项目（表19）。

表19 研究开发事业的目标及重点推进项目

事业目标	项目名称
推进引导农业·农村创新成长的农业科学技术的集合化发展	扩大智慧农业实用化技术
	扩大出口农业及新成长动力产业的实用化技术
	扩大生命工程的实用化
	增进农业生产的自动化、节省能量及安全
	开发农业生命工程的基础技术
	开发利用动物生命工程技术的高附加值新素材

(续表)

事业目标	项目名称
加大符合居民要求的农业·农村的多功能性	确保亲和环境型畜产实用化技术
	扩大地区农业的特性化基础
	维持·保存可持续的农业环境
	稳定生产农业生物资源及开发高附加值新素材
	充分利用农产品资源及开发附加值提升技术
	收集·保存农业遗传资源及开发利用技术
	区别化粮食作物的品质及提高附加值
加强保障安全饮食的稳定供给的技术创新	对应农业领域气候变化
	确保大米生产调整的实用化技术
	确保饮食的安全管理实用化技术
	开发农产品安全性基础技术
	稳定生产利用稻田的粮食及扩大稻田种植
	构建适应于中北部气候带环境的农作物的稳定生产基础
	培育园艺作物新品种及提高生产效率
	稳定生产人参特产及提高附加值
	研究园艺特产作物的生产环境及实地实用化
	开发畜产资源及提高家畜生产效率
	生产绿色环境安全畜产品

资料来源：韩国农村振兴厅，2018

（五）农业管理体系与政策

1. 农业管理体系

在韩国，管理农业的主要部门是韩国农林畜产食品部（Ministry of Agriculture Food and Rural Affairs，简称农食品部），渔业由海洋水产部（Ministry of Oceans and Fisheries）负责。现农林畜产食品部前身是1973年由山林厅划归内务部，并改组成立的农水产部，1987年山林厅由内务部划入，更名为"农林水产部"，1996年分出海洋水产部，更名为"农林部"，2008年海洋水产部的渔业相关事务被划入，部门改组成为"农林水产食品部"，2013年政府组织重新编制海洋水产部，将渔业相关事务划入到海洋水产部，其农林水产食品部名称变更为现在的"农林畜产食品部"。韩国政府对农林畜产食品部的内部设置和职能进行过多次调整，尤其是1997年爆发的亚洲金融危机，加快了韩国对农林畜产食品部有关职能调整的步伐。

韩国农林畜产食品部以部长（韩国称为长官）为首长，综合负责粮食安全供给、农产品质量管理、增进农户经营稳定与福利改善、培育新产业、农村开发、国际农业协商合作、振兴食品产业、稳定农产品流通及价格等职责。农林畜产食品部由1名部长、1名副部长、1名副部长助理、2室、4局、6官、44科组成。下属机构有农林畜产检疫本部、国立农产品品质管理院、农食品公务员教育院、韩国农水产大学、国立种子院等5个院校。农村振兴厅和山林厅下属于农林畜产食品部，但不是直属机构，是独立进行相关业务的政府机构，两个厅首长为厅长（副部长级）。

农林畜产食品部下属有由政府投资、出资成立的10个公共单位。公共单位在职人员50名以上同时自行收入超过总收入50%是公共企业，50%以下则为准政府机构，如不适合适用收入标准则列为其他公共机构。农林畜产食品部下属只有马事会是公共企业。准政府机构有韩国农渔村公社（Korea Rural Community Corporation，KRC）、韩国农水产食品流通公社（Korea Agro-Fisheries & Food Trade Corp，aT）、畜产品品质评价院（Korea Institute for Animal Products Quality Evaluation）、农林水产食品技术规划评价院（Korea Institute of Planning and Evaluation for Technology of Food, Agriculture, Forestry and Fisheries，IPET）、农林水产食品教育文化情报院（Korea Agency of Education, Promotion and Information Service in Food, Agriculture, Forestry and Fishery，EPIS）等5个机构。其中韩国农水产食品流通公社是韩国管理运行整个农产品进出口业务的国营企业，世界各地都设有代表处，在中国设立的北京代表处是中国的本部，其他还有青岛代表处、上海代表处、成都代表处等多个分支代表处。在中国还负责韩国政府进口中国农产品的招标等事务帮助韩国农产品企业进行农产品进出口贸易（图11）。

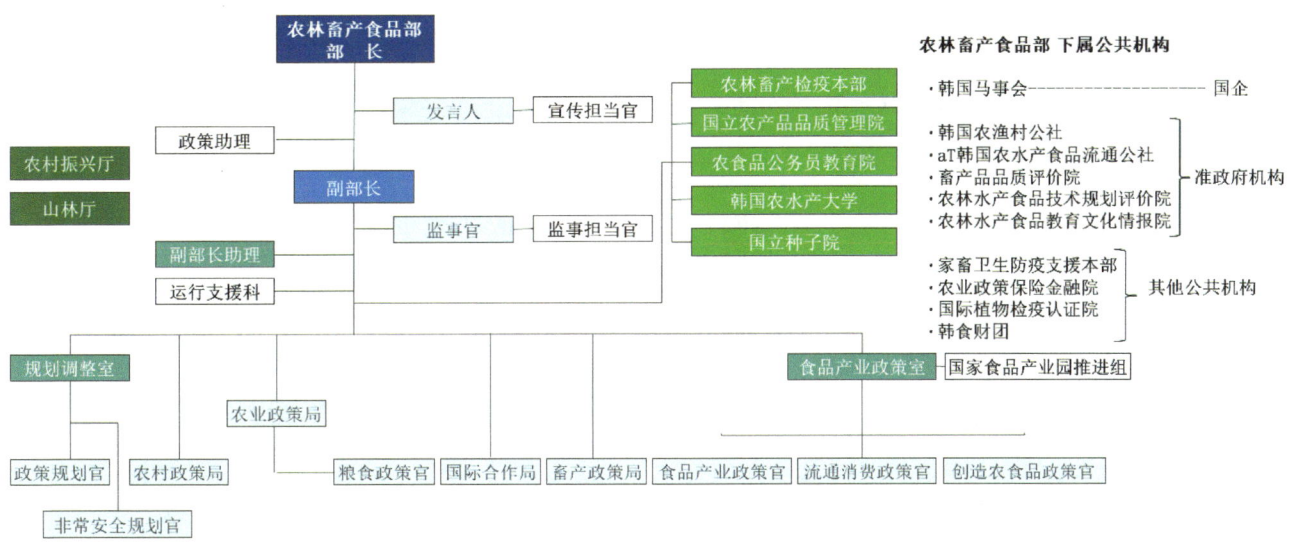

图11 韩国农业部门管理体系

资料来源：韩国农林畜产食品部

其他农业公共机构有农业政策保险金融院（Agriculture Policy Insurance & Finance Service，APFS）、家畜卫生防疫支援本部（Livestock Health Control Association）、国际植物检疫认证院（International Plant-quarantine Accreditation Board，IPAB）、韩食财团等4个机构。

韩国农业管理体系中，除了政府部门的管理机构外，还有在前面介绍过的韩国农业协同组合在韩国农业现代化进程中，也一直起着举足轻重作用，在韩国农业的生产、流通、加工、技术、信用、保险等领域做出了很大贡献。韩国农业协同组合在韩国拥有农协银行，并在全国各地开设超级市场，售卖国产的农产品。韩国政府对韩国农协业务运营进行监督管理，同时在政策和资金方面给予相应的扶持。韩国立法确保了农协的唯一性；韩国政府对农业、农村、农民的各项投资、补贴大部分是通过农协金融机构进行，与农业相关的资金只有中央会可从政府或者韩国银行借入，相关的金融信贷业务由农协银行执行；农户农业机械的政府补贴由农协半价供应；政府大米收购计划委托农协进行，对差价给予优惠补助；政府扶持农业资金由农协发放并负责收回，政府补助手续费；农协发放农产品经营和加工设施的政府补贴。相应地，农协中央会的业务范围除行业协调、自律、服务外，还包括代行政府委托事业、政府补助事业及相关的对外贸易等。韩国农协采取两级系统组织体系，即由农协中央会、农协会员直接组成的基层组合两级组织构成。目前，韩国农协共有会员近300万人，韩国绝大部分的农民都加入了农协，基层组织有1300个左右。农协中央会包括金融，经济，文化、教育事业。全国有1167个地方农协。韩国农协的农业销售网遍布全国各地，在农产品的生产地区，农协流通管理着HANARO超市，全国现有中央会直营店67个，地方会员组合运营超市2260个。销售点包括综合销售中心、HANARO会员店、HANARO超市。韩国农协还拥有HANARO因特网俱乐部网络商店，消费者可以通过网络购买数千种农产品。韩国农协鼓励农民自创标准化农产品品牌，对产品包装及尺寸实行标准化。安城物流中心是供货农协中央会直营HANARO超市的统一物流集散中心。

2. 农业支持政策

韩国对农业的保护主要是基于其国内自给自足的农业政策，以便解决其自身的粮食安全问题。韩国正在努力调整农业产业结构，以使农业生产更加有效地进行。韩国政府目前将农业政策的重点放在了农民收入和农业管理上，致力于为国民提供安全、高品质的农产品，加强农业基础设施，提高农业竞争力，增加农民收入，创造一个农村和城市地区共同繁荣的社会。

（1）农业科技政策

20世纪40年代，韩国还是一个经济落后的国家，到20世纪90年代中期，已成为亚洲最具技术经济实力的经济体制之一。韩国取得成功的重要经验是，在广泛吸收各国先进技术的基础上，始终把培养和增强自主创新能力作为国家的基本政策。韩国科技政策转型经过了4个阶段：第一阶段是20世纪60年代，为起步探索期，主要以引进技术为主；第二阶段是20世纪70年代，为不断推进期，主要以出口为导向，并进一步加大技术引进力度；第三阶段是20世纪80年代，是技术立国战略的全面实施阶段，由复制模仿向创造模仿转型，科技政策从出口驱动转变为技术驱动；第四阶段是90年代，为提高创新能力阶段，由创造模仿向自主创新转变。1998年，韩国政府发布《2025年科学技术长期发展计划》，力争2005年科技竞争力达到世界第12位，2015年达到世界第10位，2025年达到世界第7位，成为亚太地区的科学研究中心，并在部分科技领域位居世界主导地位。为了实现这些目标，韩国政府确立了科技政策调整思路，科技开发战略由过去的跟踪模仿向创造性的一流科学技术转变，国家研发管理体制由过去部门分散型向综合协调型转变，科研开发由强调投入和拓展研究领域向提高研究质量和强化科研成果产业化转变，国家科研开发体制通过引入竞争机制，由政府资助研究机构为主向产学研均衡发展转变。

为了保障农业振兴事业能够系统地进行，韩国农村振兴厅每5年制定五年发展计划，同时，每年制定当年的具体实施计划。首个农业振兴基本计划是以"通过农业技术的革新，引领国民幸福时代"为蓝图的五年（2013—2017）发展规划。2018年3月，韩国农村振兴厅通过《2018—2022年农业、农村和食品产业的发展计划》，展示了通过农业技术革新来提高国民生活质量的发展蓝图。第一个五年韩国农村振兴事业于2017年结束，预计投资计划为3.45兆韩元，实际投资额为3.22兆韩元，达成计划的93.2%。2017年，农村振兴事业的总规模为6748亿韩元，其中研究开发事业投资为4890亿韩元，占总投资规模的72.5%。

（2）农业贸易政策

WTO和各种自贸区谈判中的农产品进口自由化是韩国农业部门所面临的一个重要挑战。对此韩国采用调整关税措施以保护韩国国内产业免于受到进口激增带来的损害以及减轻贸易自由化对这些产业带来的冲击。韩国对谷物及谷物制品征收了平均高达179.7%的最终约束税率，最惠国执行税率也高达133.7%，其中约有92.7%的关税项目处于约束税率之下；奶制品是韩国约束税率第二高的农产品，其最惠国执行关税也高达67.5%；蔬菜、水果和植物，咖啡和茶以及油脂类等产品都是韩国征收高额关税的对象，这些农产品的最惠国执行关税在40%～58%。另外可以看出，在韩国征收高额关税的农产品项目中，关税减免的比例是很低的。韩国对其国内主要生产的农产品或者说影响其农业收入的主要农产品征收了高额的关税，而对其国内不生产或者生产量很小的农产品则征收非常低的关税。韩国，除了关税措施之外，还会采用进口牌照和配额等非关税措施。

在韩国，除外贸法之外，还有48个单独法律规定哪些商品必须获得相关部门的认证、授权之后才能进口。这些规定大都是出于保护国民健康、环境卫生、动植物生命（检验检疫要求）以及基本的安全利益等考量而制定，包含了韩国进口产品的约1000个税目，如农业肥料、农作物种子、动物和动物产品、食品和食品添加剂等等。韩国的14个部委或机构监督执行进口商品的认证和授权，可能危害健康和安全的产品将被禁止进口。在农产品的进口认证和授权中，农产品的质量标准制度是韩国控制农产品进口的一项重要非关税措施。韩国实施的农产品质量安全标准主要包括转基因加工食品标识制度、果菜病虫害检疫制度、口蹄疫及疯牛病疫区产品进口紧急限制制度、禽肉和水产品安全检疫检验制度、进口农产品原产地标识制度和农药残留标准等。这些措施和法律几乎对所有的农产品提供了有效的质量安全保障。而且在过去的几年内，韩国工业标准已经翻了一倍，同时也正在进行着将韩国标准与国际标准相统一的工作，并积极参与全球的标准制定活动。可以预计，韩国将会继续对其食品等农产品的质量标准进行强化。

进入21世纪WTO多边自由贸易体制的地位日益弱化，为了弥补这一点，韩国积极成立与世界各国或地区间的自由经贸体系FTA。自2004年韩国与智利就FTA成立达成协议以来，到2016年生效的与哥伦比亚的FTA为止，合计与52个国家达成了15项FTA。韩国与达成FTA的各国进行活跃的农产品贸易，2017年，与FTA国的农畜产品贸易额占总农畜产品贸易额的比重高达71.8%。

（3）农业外商投资政策

1960年，韩国政府为了克服经济困难，促进经济发展，制定了《外资引进促进法》，开始引进外资。但是这时期外商引进政策的重点是利用国外贷款，而不是吸引外国直接投资。

1966年，韩国政府公布了新的《外资引进法》，在注重国外借款的同时，开始积极鼓励外商直接投资，制定了一系列鼓励政策；20世纪70年代又出台了一系列新的鼓励措施，公布了鼓励外国投资的产业部门，到1978年，韩国废除了对外商投资企业免税的特殊优惠待遇，开始有选择地引进外商直接投资；20世纪80年代以后，韩国开始实施贸易自由化，政府进一步放宽了对外商投资的某些限制，同时大大简化了外商投资的审批程序；1993年6月，为了适应乌拉圭回合关贸总协定谈判以及韩国经济国际化的需要，同时也为了引进国外先进的技术，加速韩国产业结构调整，韩国政府发表了《开放外国人投资五年计划》，再一次放宽了对外商投资的限制。

韩国的外商投资中农业的比例一直不高，这与韩国政府的外向型经济政策密切相关，因为工业一直是韩国经济发展的重点，农业在经济发展中的地位相对较弱。韩国农业利用外资的项目主要集中在化肥、灌溉、渔业、农产品加工及农村地区开发等领域。韩国长期实施保护农业生产者为主的农业政策，普遍认为，如果大企业进入农业领域，不仅可以凭借其规模实力掌控农业，还威胁小规模农户的生计权，因此大企业难以进入农业领域。在这样的农业投资环境下，外国企业很难进入韩国的农业领域。目前在农业领域，成功引进外国企业投资的范围，仅限于韩国相对脆弱的农业部门和对韩国同种竞争作物无威胁的品种上。外国企业相对集中投资的代表领域为种子市场，这是因为货币危机后韩国大型种子公司纷纷被外国企业收购。

韩国政府积极推进农产品出口战略，一方面鼓励韩国农产品企业的"走出去"，另一方面还鼓励并引导外资进入到农业产业领域。需要指出的是，韩国政府推进农业领域利用外商投资政策，仍以在不给本国农业生产及农户带来威胁的前提下，更大程度上满足国内消费者的需求并推进韩国农产品出口为重要条件。

在此背景下，2011年，农林水产食品部为依据《食品产业振兴法》的规定，在全罗北道益山市组建了R&D、出口型食品产业专门基地，即韩国国家食品集群。该援助中心开展国内外食品企业、机构的招商引资及相关宣传，协助国家食品产业专门基地建设，援助参与韩国国家食品集群的企业、机构，对外合作与交流等活动。截至2015年底，该食品集群已与113家食品企业及研究所签订投资协议。其中，美国的Wellspring与Hampton Grains、中国威海Jagwang生物科技开发（Jagwang Weihai Biological Science and Technology Development）与巧妈妈、肯尼亚的Goldrock International、捷克的Gold of Prague等6家海外企业提出投资申请。入驻企业认为投资该项目，可以加强与集群内相关农业企业以及研究机构的合作，容易进入中国以及东南亚市场，还可以利用其尖端研究开发系统。

3. 农业发展规划

2017年成立的文在寅政府制定了"将韩国打造成为可以毫无顾虑的从事农业活动，安心消费的国家"的农政蓝图。从农业生产的层面来讲，"如何将传统农业发展成为不用为农产品的价格和农业收入担忧的行业，如何满足青年人所追求的智能化农业，如何将农业发展成为可以创造出更多就业岗位的新型农产品产业"成为重点研究的课题。从消费者的层面来讲，"如何让消费者们可以放心的食用健康的食品，如何将农村发展成为全民都愿意去的生活、工作、休息场所"成为重点的研究课题。

韩国政府依照《农业、农村及食品产业基本法》的相关规定，为了保障农业的可持续发展，农村的均衡开发，以及扶持包括保健及食品加工产业在内的农业相关产业的发展，农林畜产食品部每5年制定一次《农业、农村及食品产业的五个年发展规划》。

2018年2月农林畜产食品部通过《2018—2022年农业、农村及食品产业的五个年发展规划》向民众们展示出了新政府的农政蓝图及政策走向。本次规划在原有的农业政策框架的基础上做了以下调整：从农政价值层面，由生产物为中心向以人为本的农政方向转换；从农政对象层面，农政对象由原来仅局限于农业从业人员及农村居民，扩到大全民消费者；从农政走向层面，从着重提高农业生产力，到更加重视农业—环境—食物的均衡发展；从农政体系层面，实现从由中央政府为主导的农政体系到促进共同参与、合力发展的、以现场作业为中心的新农政体系的转变。

因此，未来的农政走向集合了如下四大重点课题（图12）。一是通过建立精密的价格、收益经营安全网，打造毫无后顾之忧的农业从业环境。通过修订农业补偿制度、扩大补偿领域，扩充构建诸如受灾支援之类的"收入、经营安全网络"，并且通过促进蔬菜价格稳定保障制度的有效实施和更新流通方式及渠道的办法，将造成农产品价格不稳定的因素最小化。通过灵活运用生产宏观调控制度和促进消费的方式，解决大米供需不均衡的状况。将现有的农业结构向以保障质量为中心的"生产—流通—消费"的结构转换，从而提高农业的竞争

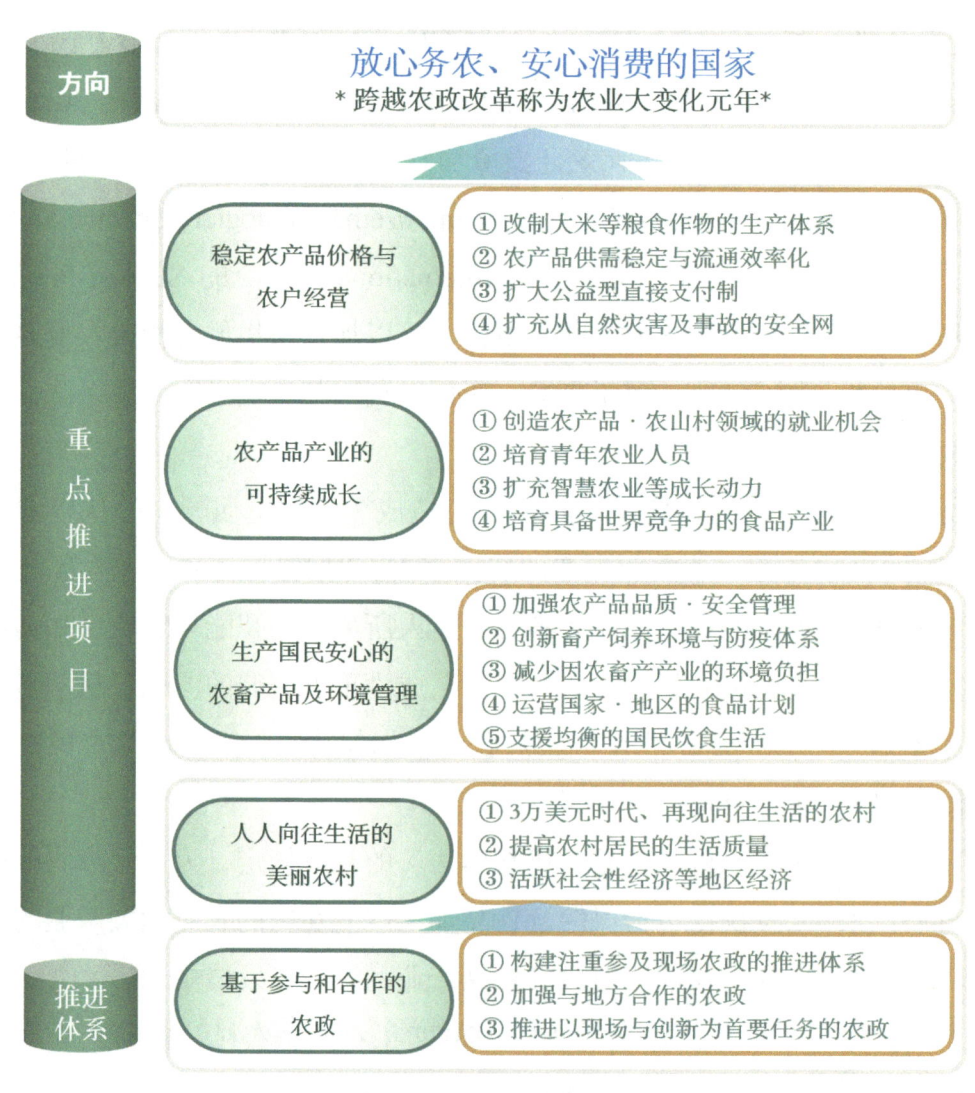

图12　2018—2022年韩国农政方向

资料来源：韩国农林畜产食品部，2018

力。二是在充分考虑经济—社会—环境均衡发展的基础上，将传统农业的经营模式向可持续发展新型农业发展模式转变。通过农业智能化和研发推动体系的修订，提高农业革新的力量，通过扶植农业原材料及宠物行业的发展，创造更多的就业岗位。不断地培养青年农业从业人员，为未来农业的发展储备力量，努力将现有的农业结构转变成为环保型的农畜产业模式，从而实现农业—农村的可持续发展。三是构建国民可以放心消费的食品安全供给体系。通过制定《国家—地区食品发展计划》构建食品安全保障体系，为小学生提供课间餐支援，保障健康的饮食生活。通过强化对履历制度、标识制度等安全品质的管理，提高农政的可信度。四是打造人人向往的福利优厚、环境美丽的新农村。通过改善居住环境，扶植农产品行业的发展，打造将农村与旅游观光有机结合的综合型地域开发体系，还原农村的原貌，加速农村的振兴。扩大农村专享福利的提供，为农村发展提供必要的各项社区服务，确定并扩大农村型社会经济发展模式。

三、农业投资环境

（一）国家商业环境

韩国技术和资源的吸引力包括软环境和硬环境两个方面。从投资的软环境看，近年来韩国的经济发展态势较好，市场消费潜力较大，政府积极鼓励利用外资并出台了一系列有利于外商投资的政策与措施；从投资的硬环境看，韩国的地理位置优越，交通运输便捷，通信设施世界一流。世界经济论坛（World Economic Forum）最新发布的《2017—2018年全球竞争力报告》显示，韩国在全球最具竞争力的137个国家和地区中排名第26位。世界银行发布的《2018年经商环境报告》显示，韩国在全球190个国家和地区的营商便利度排名中列第4位。

（二）农业优势与潜力

1. 农业发展优势

（1）气候资源优势

韩国北部属温带季风气候，南部属亚热带气候，海洋性特征显著。韩国四季明显，按地区差异较大。冬季漫长寒冷，夏季炎热潮湿，春秋两季相当短。冬季最低气温达-12℃，夏季最高气温可达37℃，年平均气温是7~14℃。韩国属较为湿润地区，年平均降水量1500毫米左右，其中6—8月雨量较大，降雨量为全年的70%。韩国属于联合国指定的"水量不足国家"。韩国的水利基础设施良好。由于韩国降水多集中在雨季，河道流量变化较快，所以多用大坝及其他水利工程来控制水资源存储和流量。目前，韩国水资源公社已经运营和维护了17个水坝、14座供水专用大坝等，保证水存储和排放能力。防洪能力占国内防洪能力的95%（49亿吨），供水能力为国内总供水量的66%（124亿吨）。韩国自然灾害相对较少，偶有台风侵袭，北部地区春季沙尘暴时有发生。6月末至7月中旬时有暴雨，8月末至9月上旬偶有台风。

虽然韩国国土面积狭窄，但四季分明、气候条件多样、山水清秀等优越的自然条件赋予了韩国的农业生产良好的生长环境。在丰富的地理、气候环境下，可栽培高山蔬菜，也可适应种植热带水果，并且凭借其自然环境和栽培技术的优势，韩国栽培的水果普遍糖度高。整体来说，韩国自然风险较少，相关基础设施较健全。

（2）农业产业优势

农业基础设施是保障农业健康发展的基础，韩国政府十分重视加强农业基础设施建设。随着各阶段农村建设运动的推进，其农村基础设施建设的重点也不断变化，农业生产环境、农村基础设施、水利基础设施及农村生活环境不断改善。同时受国土狭窄等因素限制，韩国的设施农业生产比较发达。

韩国农业发展的弊端和中国相似，大部分都是小规模农户，分散的小规模农户很难适应现阶段社会需要的大规模先进的农业产业化发展。韩国农业产业化的发展中，值得关注的是农业协同组合在韩国农业发展的地位及影响。

2. 农业发展潜力

在韩国银行发布的经济展望报告中，2016年，韩国的GDP为14112亿美元，人均GDP为2.75万美元，全年GDP增速为2.8%与上一年持平。

韩国的农业得益于富有特色和活力的农业科技体制，农协在韩国农业的生产、流通、加工、技术、信用、保险、教育、培训等整个产业链做出了巨大的贡献，取得了稳固的发展。

为了适应日益快速发展的国内外形势，2017年成立的文在寅政府通过《2018—2022年农业、农村及食品产业的五年发展规划》展示出了新政府的农政蓝图及政策走向。韩国新政府的农政蓝图，计划实现将传统农业发展成为不用为农产品的价格和农业收入担忧的行业，满足青年人所追求的智能化农业，将农业发展成为可以创造出更多就业岗位的新型农产品产业等。

基于韩国稳固的农业基础设施，较为完善的农协组织发展模式，加上政府对农业产业发展的积极政策推进，预计韩国的农业将向健康、稳固、高端的方向发展。

（三）农业风险分析

1. 制度风险

具体衡量制度风险的指标有3个，分别是全球和平指数、政治稳定性指数和腐败控制指数。2016全球和平指数报告显示，韩国的和平指数为1.86，在全球排名第53位，属于高度和平国家，这为投资韩国奠定了良好基础。世界银行构建了世界治理指数（WGI），其中政治稳定性指数是世界公认的反映各国政治稳定状况的权威指标，腐败控制指数是反映各国政治腐败控制程度的权威指标。该指标均分为6个等级，分别为很高、高、较高、较低、低、很低，满分100分，得分越高，政治稳定性或腐败控制程度越高，投资风险越低。韩国法治水平得分为80.52，在全球水平较高，处于第2级，从这两部分可以看出，韩国的政治稳定性较高，腐败控制程度也较高。

投资韩国，应事先对韩国市场进行深入调研，在充分了解韩国法律、投资、工会、税务、文化以及对国外投资企业的优惠措施等情况后，做出正确的投资合作及贸易决策，尤其是要重视韩国工会的作用。韩国工会是劳资谈判中劳方的代表，代表劳方向资方争取工资、福利和劳动条件等，能在很大程度上左右企业的决策。韩国法律对于商业贿赂查处严格，中资企业应严格遵守相关规定。韩国《反垄断和公平交易法》等法律对于垄断性商业行为（如价格同盟）、内部交易、对特定关系人的照顾等不公正贸易行为惩罚严厉，需要引起中资企业的重视。再有，韩国作为世界唯一的分断国家，还存在着国际形势方面的隐患，这一隐患将对国内外经济发展产生影响。

2. 经济风险

经济风险主要采用经济自由度指数和商业环境指数来衡量。由全球知名智库美国传统基金会（FRSER）构建的经济自由度指数是全球公认的能够反映一个国家是否支持经济自由发展的重要指标，由个人自由选择、自由进入市场、公平竞争和保护私有财产等指标构成。该指标分为4个等级，指数最高10分，最低0分，得分越高，经济自由度越高，越有利投资。韩国得分7.30，处第2级，经济自由度较高。按照经济学人报告的商业环境指数可以看出，韩国商业环境指数为7.35，在东北亚四国中最高，全球排名26。商业环境指数由经济发展、金融自由度、政治环境、外资法律监管、人力资源和基础设施水平等指标经过加权计算，用于反映一个国家商业环境的综合性指标，从世界银行公布的最新《2018经商环境报告（Doing Business 2018）》的全球经商环境指数看，在世界190个国家与地区中，韩国位列第4，得分82.92分。其中，开办企业所需天数排名第9，处理施工许可证排名第28，电力获得排名第2，财产注册排名第39，信贷获得排名第55，保护中小投资者排名第20，纳税排名第20，合同执行排名第1，跨境贸易排名第33，解决破产排名第5。两个指标都表明韩国经济风险较小，投资环境较好，很适宜投资。

韩国虽采取鼓励外国投资的优惠政策，但也存在一定的投资壁垒，目前，中国对韩国投资总体上仍处于起步阶段，整体规模较小、单项大型项目较少，但投资额占比较大、贸易和办事机构较多、投资地域集中在首都圈。中资企业在经营过程中遇到的主要问题有：在一些行业中规定外商持股比例（一般50%以下）；政府对外资的优惠政策（税收、土地价格等）仅限于高技术产业及入驻保税区、出口加工区和经济自由区等特定区域的企业，且设定门槛，如单个生产性企业投资额至少3000万美元以上，雇用当地员工至少300人以上；以"资质"等限制外国企业进入韩国工程承包市场及相关领域；规定外企工程技术人员的资格证书须经当地相关部门考核认证，除许可渠道外不许雇用外国工人，外资企业和中国公司设立代表处获得工作签证较难。

需要注意的是，韩国长期实施保护农业生产者为主的农业政策，因此对农业产业领域的外资投资更加保守，外国企业很难进入韩国的农业领域。目前在农业领域，成功引进外国企业投资的范围，仅限于韩国相对脆弱的农业部门和对韩国同种竞争作物无威胁的品种上。

3. 法律风险

在世界银行构建的世界治理指数（WGI）体系中，法治水平指数是国际上衡量一国法律风险的重要指标，该指标均分为6个等级，分别为很高、高、较高、较低、低、很低，满分100分，得分越高，法治程度越高，投资风险越低。2016年，韩国法治水平指数得分为79分，法治水平较高，在东北亚地区排名第一。

（四）总体评价

第一，韩国的农业得益于富有特色和活力的农业科技体制，农协在韩国农业中的贡献，加上政府对农业产业发展的积极政策推进，未来有望朝着健康、稳固、高端的方向发展。

第二，世界发表的各方面评价一个国家的指标显示，韩国综合投资风险较小，政治、文化、经济、法律、社会环境良好，适宜进行投资。

第三，朝鲜半岛的国际形势发展动向，也将影响韩国国内外经济发展。

第四，韩国长期实施保护农业生产者为主的农业政策，因此对农业产业领域的外资投资更加保守。韩国农业的保守特征，将增大与韩国农业领域的合作及对相关产业的投资活动的难度。

四、中韩农业合作现状与合作重点

（一）合作现状

1. 合作机制

中国和韩国均是亚洲主要国家，以 1988 年的首尔（原名汉城）奥运会为契机，中韩经济交流得到了举世瞩目的发展。20 世纪 90 年代，中国与韩国签订了有关两国贸易办事处开设的协定，1992 年 8 月两国正式建立了外交关系。虽然两国建交时间较短，但是由于产业结构的互补性、地理位置的相邻性和文化的相似性，两国农业贸易合作也取得快速发展。中韩两国建交以来，在科技、贸易、投资、运输、渔业、核能以及人力资源等多领域开展了双边合作。两国政府间签署了多项双边协定，促进了双边经济技术合作的发展。

进入 21 世纪，WTO 多边自由贸易体制的地位日益弱化，中韩两国为了弥补这一点，积极促进两国间的自由经贸体系 FTA 的成立。两国于 2014 年就 FTA 成立达成协议，于 2015 年 12 月 FTA 正式生效。目前，中国已成为韩国农产品贸易的第二大出口国和进口国。

中韩两国应本着互利共赢、共同发展的原则，深入进行农业第六产业化发展，深度交流农业科学技术，扩大农产品贸易程度，形成区域优势状态，为两国发展奠定更好的基础。结合中国农业优势，为韩国供给充足农产品，扩大农产品贸易；引进韩国先进生产、加工技术与设备，开展农业科技合作与交流；吸引并鼓励韩资进入中国，辐射带动周边农业农村发展；突破小农业和基础设施局限，着眼大农业产业链，合力建设农产品生产、加工、物流、销售一体化的全产业链农业，在更广范围、更高层次开展与韩国的农业合作。中韩两国在合作上应以农业贸易为主导，农业科技为依托，农业投资为方向，优势互补，双边共赢。

2. 科技合作

中韩两国在农业科技方面合作交流呈上升趋势，并且各有所长。在农业科技交流方面。由于韩国拥有较高的生产、加工技术以及农业机械的生产技术，在应用技术和产品开发技术上比较有优势，中国从韩国引进了部分生产技术和农业机械。中国的鸟巢温室技术、气雾栽培、垂直农场等优势技术被韩国引进，增强了两国之间的农业科技合作。

早在 1993 年两国就开始了农业科技交流，1999 年两国在北京联合召开"中韩农业技术交流洽谈会"，并建立"中韩农业交流与合作协议会"。中国农业科学院与韩国农村振兴厅是两国农业科技研究领域的最有权威的国家级研究单位，两个单位于 1994 年签署合作谅解备忘录，建立了农业技术合作关系。2001 年开始，韩国农村振兴厅在中国农业科学院内设立驻京办事处，促进了两国之间的农业科技交流与发展，共同研发农业科学技术，并为两国科研人员交流搭建了平台。利用该合作平台，根据两国的农业科技研究方向，寻求和协调两国农业科技合作项目，组织国际会议和学术会议，协助安排科学家互访。2016年为止，两国共进行73个合作项目，450名左右的两国科研人员进行了互访交流。

两国农业科技领域的合作除了政府研究单位间的科技合作外，还有与中国农业大学、各省市农业科研单位、农业产业相关企业，如中国农业大学与韩国独资的北京世农种苗企业建立长期科技合作伙伴关系等合作方式。

3. 贸易合作

自中国加入WTO后的2001—2006年，韩国对中国的农产品出口额从0.8亿美金增加到10.2亿美元，年增长率为18.8%。超过了对中国总出口额13.7%的增长率。在韩国的农产品出口领域，中国自2009年以后，已经成为仅次于日本的第二大出口市场。同期，韩国从中国的农产品进口额从9.2亿美元增加到28.9亿美元，年平均增加率为7.9%。作为韩国的农产品进口来源地，中国是仅次于美国的第二大进口市场。在韩国居民的饮食生活里，中国农产品已占据很大比重。韩国的大蒜、洋葱、大葱、辣椒、胡萝卜、生姜等新鲜蔬菜类进口中，中国农产品的占比超过85%，泡菜则100%全部由中国进口。可见，韩国对部分中国农产品的依赖程度较高。但是，需要关注的是，韩国的进口中国农产品贸易中，常出现进口农产品品质相关的贸易争端，中国农产品在韩国消费市场的评价较低，大部分为农产品加工企业、餐饮等领域低价提供。

中韩两国互为重要的贸易伙伴，中韩两国为了在贸易往来中获得最大的经济利益，针对在贸易竞争过程中竞争力相对比较薄弱的领域是否能成为FTA敏感性保护对象成为争论的焦点，经过不断的争论和谈判，最终将其包括在FTA的贸易受惠范围内，但是商品的相互让利标准较低。

4. 投资合作

韩国长期实施保护农业生产者为主的农业政策，普遍认为，如果大企业进入农业产业，不仅可以凭借其规模实力掌控农业，还威胁小规模农民的生计权，因此大企业难以进入农业产业。在这样的农业投资环境下，韩国的外商直接投资中农业产业的投资比重一直不高。为了促进韩国农产品产业的国际化发展，2011年，由韩国政府组建的韩国国家食品集群与113家食品企业及研究所签订投资协议。其中，还有中国威海Jagwang生物科技开发与巧两家中国企业提出投资申请。投资韩国食品集群的这些企业认为投资该项目，可以加强入驻企业间的合作，容易进入与韩国邻近的中国及东南亚国家和地区的市场，还可以利用尖端技术开发系统。

相比中国企业对韩国农业产业的直接投资，韩国企业对中国农业产业的投资较多。随着中国经济的快速发展，韩国的农产品加工企业、农产品种子企业等优势产业企业为了开拓广阔的中国市场，大规模进军中国。韩国三大制果企业之一的好丽友在20世纪90年代初期进入中国市场，在河北廊坊和上海青浦各建有一个生产基地，设北京本部、青岛本部、上海本部、广州本部4个营业本部统管全国60多个营业所，好丽友各种产品深受广大中国消费者欢迎，市场反应良好；希杰（CJ）韩国株式会社，是韩国较大规模的食品公司，在1992年中韩建交之后，希杰集团于1995年在青岛成立法人企业生产调味料原料，自此，希杰的食品开始进入中国百姓的餐桌。十几年来，希杰集团植根本土并不断创新，食品餐饮、生物科技、新流通、娱乐传媒等四大核心领域已全部进入中国。到目前为止，集团在中国60多个城市设有上百个法人、30余家工厂、拥有约2万名员工；韩国农心是以制造方便面、膨化食品（饼干）及其他食品加工为主导产业的韩国大型食品生产集团。1998年，在中国青岛设立青岛农心食品有限公司开始进入中国市场，之后还在上海和沈阳设立食品有限公司，专门从事生产和销售方便面和膨化食品。2010年，设立延边农心矿泉饮料有限公司专门从事生产矿泉水饮料，该公司利用长白山圣区的资源优势，投产天然矿泉水，以"白山圣水"、"火山玉水"为主打品牌开拓国内外市场；北京世农种苗有限公司成立于1994年，是韩国农友BIO株式会社在中国的全资子公司。总公司韩国农友BIO株式会社有着40多年的历史，一直专注于蔬菜种业，在韩国独家设有生物工程研究所并拥有一大批优秀的育种专家，已取得了NWB-CMS等多项专利，并培育了近几十个优秀品种，引领着韩国蔬菜产业的发展。经过18余年的努力，如今的世农已在北京大兴、广东和河北等地建有研究所，在广州、沈阳等地设有办事处，北京总部建有种子恒温库、仓储及加工车间，并拥有完善的种子检验、检测、加工等种子质量监管系统以及遍布全国的销售网络，已成为一家集科研、生产、销售为一体的蔬菜种苗公司。

（二）合作潜力

1. 合作基础

中国和韩国在地理上比邻而居，文化上一脉相承，同时，在农业资源、农业产业化发展程度等方面存在差异，这使得两国既相似又互补，长期以来在农业科技、农产品贸易等领域一直保持着紧密的合作关系。1992年，中韩两国建交以来，经济领域方面的合作取得了举世瞩目的成就，贸易规模不断扩大，中韩两国相互成为其重要贸易伙伴国。随着中国加入WTO，经济快速增长，购买力增加、中韩之间产业分工扩大、新产品开发差异化发展，同时伴随着中韩FTA的签订，两国之间的经济发展和交流合作速度将不断加快。中韩两国友好的政治关系、不断完善的农业合作机制以及多年的农业合作经验都为两国农业合作提供了良好的合作环境和合作基础。

2. 合作前景

从农业领域看，两国的农业形态、生产方式以及饮食文化等都很相似，中国的农产品有价格优势，韩国的农资设备、技术及加工食品在中国市场有竞争优势。除了传统的农产品和农用物资贸易外，近年来中国与韩国的农业合作逐渐向更广更深的领域发展，未来中国与韩国开展农业合作的空间十分广阔。

中国的自然资源丰富，农产品种类繁多、数量充足，能为韩国解决农产品消费缺口问题。韩国在农用物资、农业加工技术方面具有相对优势，韩国的优势加工农产品可以满足中国不同层次消费者的要求。另外，除了对中国出口传统的农用物资外，韩国农产品物流方面的采后保鲜技术及设备也具有优势，有待开拓中国市场。今后除了要继续鼓励现有的农产品贸易外，还应更多开展深层次加工、机械设备等领域的交流合作。

农业科技是农业发展的动力，现阶段各国的农业科技发展方向逐渐趋向于满足环境保护、生产健康、安全食品、节省能源等保护人类生活环境和健康的共同目标。为达成共同的目标，两国的农业科技合作应对传统的共同研究及人员交流等简单模式实现创新，进一步拓展农业科技领域的合作并创造实际性的成果转化。两国互补性的农业科技合作必将为两国的农业发展提供更广阔的空间。

（三）合作重点

1. 合作领域

（1）农村一、二、三产业融合发展

韩国与中国相比，农业产业化发展起步较早，水平较高。现阶段中国农业产业化发展面临的重大问题，韩国也曾经历过并通过推进相关政策及制度的实施逐步完善。

韩国农业政策的方向及韩国农业科技发展变化里可以看出，韩国早在20世纪90年代就开始制定了确保饮食的安全管理实用化技术、完善采后管理、研究提高农产品附加值的技术、实现六次产业化（一二三次产业融合发展）战略、建设美丽乡村及智慧农场等战略。中国的农业产业发展可以参考韩国相关战略的具体实施情况，借鉴成功经验的同时分析相关战略实施过程中的问题，有助于减少弯路，缩短发展进程。

（2）农业贸易

中韩两国有着良好的贸易基础，中国已成为韩国农业贸易的第二大出口市场和进口来源地，但是中韩农业贸易存在合作领域上不够广、品种上不够丰富，贸易政策不够稳定等问题。由于中韩农产品贸易中制订了禁止新鲜果蔬、水果、肉类交易的两国检验检疫政策，使

得扩大新鲜农林畜产品出口方面受到了一定的制约，两国农产品贸易一直以传统的蔬菜类和加工农产品为主。

中韩两国应持续发展传统的农产品贸易以外，积极解决影响两国正常农产品贸易的壁垒，并拓展出口农产品的品种以及进口农产品的销售渠道。

（3）农业科技

农业科技是农业现代化发展的必备要素。中韩两国的农业科技成果显赫，发展迅速，同时两国的农业科技成果涉及领域有所差异，应积极合作，广泛交流，扩展合作方式及领域，共同促进两国农业科技发展与科学研究。中国农业科学院与韩国农村振兴厅从1994年起保持着合作关系，激活两国农业科技合作的这一平台，进一步增加合作项目领域，将合作研究成果转化延伸到两国的农业产业链中，会有很大发展空间。

（4）农业投资

中韩两国区位优势明显，农业贸易活跃，但是两国农业企业的投资相对较少。韩国企业投资中国农业领域的案例较少，并且种类比较单一，这主要是由于中国基础设施、外资投资制度环境、金融服务等各种条件限制以及缺乏对中国市场的了解等原因所造成的。中国应该积极进行基础设施建设，完善外资企业在中国营商环境，吸引韩资，与此同时也要走出去，加强与韩国企业的合作交流，吸取先进经验，有效利用当地资源，推动农业贸易的进一步发展。同时，中国企业投资韩国农业领域的案例则更少，主要的原因是韩国对农业产业的保守倾向及中国企业对韩国农业领域的信息缺少等。这也可说明中韩两国企业的投资，未来仍有巨大的发展空间。为此，两国政府、农业科研单位应积极收集、分析并发布对方国家农业企业投资环境信息，为两国农业企业的入住创造良好环境。

2. 重点产业

（1）农产品的加工、物流等流通产业

中国是农业大国，种养殖品种繁多，但是在农业生产资料以及加工、物流等可以提升农业产业附加值的领域处于劣势地位，而韩国，作为一个农业小国，农产品自给率较低，但是农业机械水平较发达，农业产业化发展处于世界领先地位。基于中韩两国农业方面的互补性，中韩两国在农产品的加工、物流等流通产业链发展中有很大的合作空间。

中国可以引进韩国的资金、技术、设备和相关经验，在广袤的中国土地上通过进行农产品采后管理、流通过程中的保鲜技术及设备投入、推进农产品深加工等，可提升农业农产品附加值，满足日益提升的广泛消费者要求，在提高我国农业产业链整体水平的同时，保障韩国农业技术投入在中国广阔市场实现回报，从而共同发展，互利共赢。

（2）农产品贸易领域的深层次合作

一方面，中国的农业资源丰富可以满足韩国农产品需求的缺口；另一方面，随着中国消费者收入水平的提高，健康消费的潮流不断兴起，中国对高品质的绿色农产品、健康保健品、奶制品、婴幼儿食品的进口需求会随之增加，这对韩国的优势农产品出口中国也创造了机会。中韩 FTA 是促进中韩两国农产品贸易发展的重要条件，随着中韩 FTA 服务及投资后续协商的开展，会为中韩农产品相关产业贸易创造良好环境。

两国应在保持现有谷物、蔬菜类和其他食品贸易的同时，扩展农产品贸易品种、创新农业产业设施、设备贸易方式，探索农业产业化经营模式及管理经验交流模式等，将中韩贸易合作向多品种、深层次方向发展。

（3）拓展农业科技领域合作范围

中韩两国的农业科技成果各有所长，早在 1993 年两国就开始农业科技交流，1999 年两国在北京联合召开"中韩农业技术交流洽谈会"并建立"中韩农业交流与合作协议会"。中国农业科学院与韩国农村振兴厅于 1994 年起建立农业技术合作关系，2001 年开始，韩国农村振兴厅在中国农业科学院内设立驻京办事处，加大了两国农业技术领域的共同研究，以及研究人员的相互交流。

随着两国经济发展与科技进步，现阶段两国农业产业化发展水平及农产品市场需求的变化，两国间农业科技领域的合作模式应从传统的共同研究及人员交流等模式实现创新，进一步拓展农业科技领域的合作，推动实际性的成果转化，两国互补性的农业科技合作势必将为两国的农业发展提供更广阔的空间。

中国有资源、市场，韩国有技术、推广产业化经验，两国结合各国优势，着重于两国现阶段农业产业迫切需要合作的领域，通过开展实质性、迫切性的农业科技合作研究，将合作领域延伸到合作研究技术的转化，以此推进先进技术的产业化发展，进而实现两国农业企业及消费者享受高端技术产品的福利。

五、中韩农业合作建议

以 1988 年的首尔奥运会为契机，中国与韩国的经济交流出现了举世瞩目的增长。1992 年 8 月两国正式建立了外交关系，于 2014 年就两国 FTA 成立达成协议，于 2015 年 12 月 FTA 正式生效。中韩两国建交以来，在科技、贸易、投资、运输、渔业、核能以及人力资源等多领域开展了双边合作。

中韩两国在地理上比邻而居，文化上一脉相承，长期以来在政治与经济方面也一直存在紧密的合作关系，同时，在自然资源、劳动力等生产要素方面和农业产业化发展结构上存在差异，这使得两国既相似又互补。中韩两国在农政制度交流、农业产业链发展、贸易交流、技术合作等相关农业领域具有广阔的合作空间，未来两国合作应从单一作物种植生产扩展集加工、物流、仓储、销售为一体的多环节，多产业交流，实现全产业链的综合开发利用。一方面，吸引韩国企业来华投资，另一方面，积极鼓励中国企业进军韩国市场，就技术、科研进行多角度全方位广泛合作，开拓两国农产品贸易市场，辐射带动一带一路其他国家，促进区域经济的可持续发展。

（一）推进农业合作平台建设，形成政府与产业间良好互动局面

中韩两国应积极构建农业领域的官、产、研、学信息交流的平台。国际交流方面，韩国政府和企业为了密切与中国交流，在目标国设立办事处或派遣相关负责人。韩国驻华大使馆农业参赞由来自韩国农林畜产食品部的官员担任，负责中韩农业领域交流。另外，韩国农村振兴厅、韩国农水产食品流通公社、韩国农协中央会、韩国农村经济研究院等韩国农业部门在中国都设有办事处。中国农业部门可以与韩国农业领域的各个驻京机构建立统一的合作平台，摸索两国的政府、研究机构、农业学院、农业产业企业间实质性的合作模式，并促成相关合作需求的机构间合作，同时，随时为两国企业投资、韩国农村经济研究院营业活动提供信息服务及仲裁问题服务，创造企业投资良好环境。

（二）维持良好的投资及贸易环境，为两国农业合作保驾护航

中韩两国的农业形态、生产方式以及饮食文化等都很相似，农产品的种类没有太大的差异，地理上又是邻国。中国有资源丰富、市场广阔、农产品价格等优势，韩国具有农业产业化水平高、农业产业技术及管理经验先进、农产品加工产品先进等优势。中韩两国应在农业产业化发展领域相互交流经验，创新农业科技领域的合作模式，扩大并加深农产品贸易合作品种及模式，开拓两国农业企业的直接投资领域。

中韩两国应本着互利共赢，共同发展的原则，在更广范围、更高层次开展与韩国的农业合作。中韩两国在合作上应以农业贸易为主导，农业科技为依托，农业投资为方向，优势互补，双边共赢。

（三）为农业的"走出去""引进来"提供良好的投资环境

自1992年建交以来，中韩两国的农业投资合作不断增加，但是与其他行业的投资合作相比，农业投资处于弱势地位，投资领域单一。韩国由于农业较薄弱，农民收入较低，政府

长期实施保护农业生产者为主的农业政策，因此外资很难进入韩国的农业领域。为了改变这种情况，韩国政府也开始推进建设食品产业园区等规划积极鼓励引进外资到农业领域。中国也应该积极进行农业基础设施建设，完善外资企业在中国营商的环境，吸引韩资，与此同时也要走出去，加强与韩国企业的合作交流，吸取先进经验，有效利用当地资源，推动农业贸易的进一步发展。为此，两国政府、农业科研单位应积极收集、分析并发布对方国家农业企业投资环境信息，为两国农业企业的投资创造良好环境。

参考文献

韩国海洋水产部.2017.海洋水产统计年鉴2017［EB/OL］.https：//www.mof.go.kr/statPortal/.

韩国农村经济研究院，韩国农林畜产食品部.2017-05-17.农说—叙说农业、农村的明天［EB/OL］.http://library.krei.re.kr/pyxis-api/1/digital-files/605ba745-b495-2a94-e054-b09928988b3c.

韩国农村经济研究院.2015.农业、农村70年［M］.韩国羅州：农林畜产食品部.729-794.

韩国农村振兴厅.2018.第二次农村振兴事业基本计划（2018—2022）［M］.韩国全州：韩国农村振兴厅.1-50.

韩国农林畜产食品部.2018.农林畜产食品主要统计2018［EB/OL］.http://library.mafra.go.kr/skyblueimage/27470.pdf.

韩国农水产食品流通公社.2018-04-03.农林水产食品进出口动态及统计2017［EB/OL］.http://www.kati.net/ebook/2018040301/index.html.

김난.2018-05-30.少吃六大水果、喜好进口水果［N］.农民日报.

마창모，等.2018.养殖产业动态与展望，2018海洋水产展望大会［R］.韩国釜山：韩国海洋水产开发院.

신현석，等.2018.2018年水产政策方向，2018海洋水产展望大会［R］.韩国釜山：韩国海洋水产开发院.

전형진，等.2018.中国农产品贸易结构变化与展望，2018农业展望［M］.韩国羅州：韩国韩国农村经济研究院.367-398.

황의식，等.2018.2018年农业及农户经济动态与展望，2018农业展望［M］.韩国羅州：韩国农村经济研究院.27-65.

World Bank Group. 2018. Doing Business 2018［EB/OL］. http://www.doingbusiness.org/content/dam/doingBusiness/media/Annual-Reports/English/DB2018-Full-Report.pdf.

World Economic Forum. 2018. The Global Competitiveness Report 2017-2018［EB/OL］. http://www3.weforum.org/docs/GCR2017-2018/05FullReport/TheGlobalCompetitivenessReport2017%E2%80%932018.pdf.